10日間完成

中1・2の総復習 5科

英語 数学 理科 社会 国語

Gakken

はじめに

高校入試問題には、中学１・２年の学習内容が多数出題されます。そのため、中学１・２年の学習内容が身についているかどうかをなるべく早い時期に確認し、苦手な項目や弱点を見つけておくことが、合格への近道です。

本書では、中学１・２年の学習内容のうち、必ずおさえておくべき項目を、各教科、１日２ページ×10日間で復習できます。短期集中で効率よく学習し、高校入試対策の第一歩を踏み出しましょう。

特長

1　入試に必要な基礎がしっかり身につく　≫　中学１・２年の要点を厳選。入試に必要な基礎がしっかり身につきます。

2　５教科まとめて、10日間で効率よく学習できる　≫　５教科を、それぞれ10日間で効率よく計画的に学習できます。そのため、中学１・２年の総復習にも、高校入試対策にもぴったりです。

3　実力がつく２ステップ式　≫　１日分の学習は、「基礎の確認」と「実力完成テスト」の２つのステップで構成されています。そのため、５教科の基礎が無理なく身につき、実力アップにつながります。

入試までのスケジュール案

中2　1月〜	中3　4月〜	7月〜	9月〜	12月〜
中1・2の学習・総復習 →	→	→		
	中3の学習・総復習 →	→	→	
		入試レベルの応用問題に挑戦	過去問に挑戦	入試直前の最終チェック

中2の後半〜春休み、中3の前半〜夏休みに中1・2の総復習をすると効果的

使い方

各教科、1日2ページ。効率よく学習しましょう。

(※国語の7～9日目の学習は4ページ構成です。)

1 Step1**「基礎の確認」**で、各項目を基礎から総点検します。

2 Step2**「実力完成テスト」**で、基礎が身についているか、実力を試してみましょう。
「学習記録表」(4～5ページ)に学習日と得点を記録することで、自分の苦手な項目がわかります。

Step 1 くわしくわかる **基礎の確認**　　Step 2 しっかり定着 **実力完成テスト**

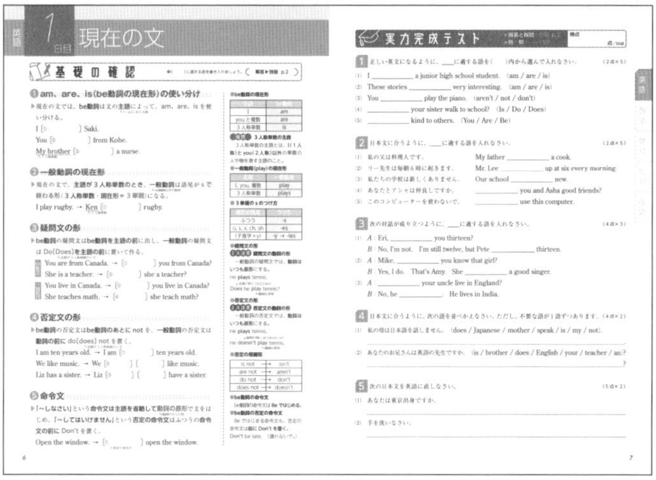

3 各教科の10日目の学習は**「総復習テスト」**です。1～9日目に学んだ内容の総復習をするとともに、過去の入試問題に挑戦することができます。

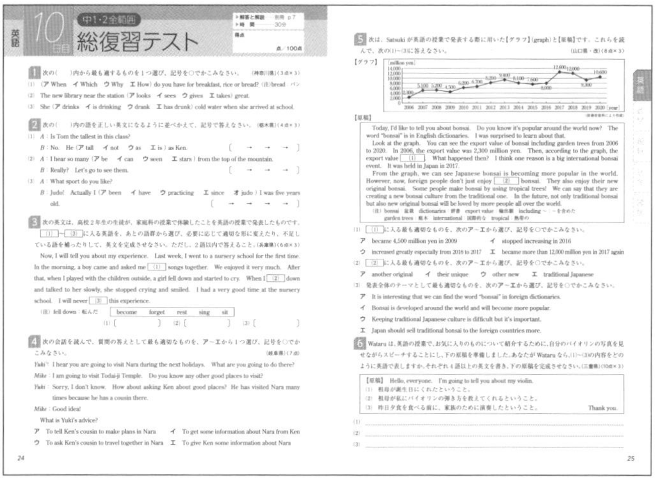

別冊 解答と解説

解答と解説は別冊になっており、はずして使えます。
解説をよく読んで、さらに力をつけましょう。

高校入試問題の掲載について

- 問題の出題意図を損なわない範囲で、問題や写真の一部を変更・省略、また、解答形式を変更したところがあります。
- 問題指示文、表記、記号などは、全体の統一のために変更したところがあります。
- 解答・解説は、各都道府県発表の解答例をもとに、編集部が作成したものです。

もくじ・学習記録表

「実力完成テスト」や「総復習テスト」の学習日と得点を記録しましょう。
各教科の苦手な項目がわかったら、復習しておきましょう。

※国語は111ページから始まります。

英語 1日目 現在の文

基礎の確認

●〔　　〕に適する語を書き入れましょう。（解答▶別冊 p.2）

① am、are、is（be動詞の現在形）の使い分け

▶現在の文では、**be動詞**は文の**主語**によって、am、are、is を使い分ける。
└「〜は」にあたる語

I〔①　　　　〕Saki.

You〔②　　　　〕from Kobe.

My brother〔③　　　　〕a nurse.
└ 3 人称単数

② 一般動詞の現在形

▶現在の文で、**主語が 3 人称単数のとき**、**一般動詞**は語尾が s で**終わる形（3 人称単数・現在形＝ 3 単現）**になる。
└be動詞以外の動詞

I play rugby. → Ken〔①　　　　〕rugby.
└ 3 人称単数

③ 疑問文の形

▶**be動詞**の疑問文は**be動詞を主語の前**に出し、**一般動詞**の疑問文は **Do〔Does〕を主語の前**に置いて作る。
└主語が 3 人称単数のとき

be動詞
You are from Canada. →〔①　　　　〕you from Canada?
She is a teacher. →〔②　　　　〕she a teacher?

一般動詞
You live in Canada. →〔③　　　　〕you live in Canada?
She teaches math. →〔④　　　　〕she teach math?

④ 否定文の形

▶**be動詞**の否定文は**be動詞のあとに not** を、**一般動詞**の否定文は**動詞の前に do〔does〕not** を置く。
└主語が 3 人称単数のとき

I am ten years old. → I am〔①　　　　〕ten years old.

We like music. → We〔②　　　〕〔　　　〕like music.

Liz has a sister. → Liz〔③　　　〕〔　　　〕have a sister.

⑤ 命令文

▶**「〜しなさい」**という**命令文は主語を省略して動詞の原形**で文をはじめ、**「〜してはいけません」**という**否定の命令文**はふつうの**命令文の前に Don't** を置く。
└動詞のもとの形

Open the window. →〔①　　　　〕open the window.
└否定の命令文

●be動詞の現在形

主語	be動詞
I	am
you と複数	are
3 人称単数	is

確認 3 人称単数の主語

3 人称単数の主語とは、I（1 人称）と you（2 人称）以外の単数の人や物を表す主語のこと。

●一般動詞（play）の現在形

主語	一般動詞
I, you, 複数	play
3 人称単数	plays

● 3 単現の s のつけ方

原形の語尾	つけ方
ふつう	-s
o, s, x, ch, sh	-es
〈子音字＋y〉	-y → -ies

●疑問文の形

ミス注意 疑問文の動詞の形

一般動詞の疑問文では、**動詞はいつも原形**にする。

He **plays** tennis.

┌主語の前に Do〔Does〕
Does he **play** tennis?
└動詞は原形

●否定文の形

ミス注意 否定文の動詞の形

一般動詞の否定文では、**動詞はいつも原形**にする。

He **plays** tennis.

┌動詞の前に do〔does〕not
He **doesn't play** tennis.
└動詞は原形

●否定の短縮形

is not →	isn't
are not →	aren't
do not →	don't
does not →	doesn't

●be動詞の命令文

be動詞の命令文は **Be ではじめる。**

●be動詞の否定の命令文

Be ではじまる命令文も、否定の命令文は**前に Don't を置く。**

Don't be late.（遅れないで。）

実力完成テスト

＊解答と解説…別冊 p.2
＊時　間………15分

得点　　点／50点

1 正しい英文になるように、____に適する語を（　）内から選んで入れなさい。〈2点×5〉

(1) I ________ a junior high school student. (am / are / is)

(2) These stories ________ very interesting. (am / are / is)

(3) You ________ play the piano. (aren't / not / don't)

(4) ________ your sister walk to school? (Is / Do / Does)

(5) ________ kind to others. (You / Are / Be)

2 日本文に合うように、____に適する語を入れなさい。〈2点×5〉

(1) 私の父は料理人です。 My father ________ a cook.

(2) リー先生は毎朝6時に起きます。 Mr. Lee ________ up at six every morning.

(3) 私たちの学校は新しくありません。 Our school ________ new.

(4) あなたとアシャは仲良しですか。 ________ you and Asha good friends?

(5) このコンピューターを使わないで。 ________ use this computer.

3 次の対話が成り立つように、____に適する語を入れなさい。〈4点×3〉

(1) *A*：Eri, ________ you thirteen?
B：No, I'm not. I'm still twelve, but Pete ________ thirteen.

(2) *A*：Mike, ________ you know that girl?
B：Yes, I do. That's Amy. She ________ a good singer.

(3) *A*：________ your uncle live in England?
B：No, he ________. He lives in India.

4 日本文に合うように、次の語を並べかえなさい。ただし、不要な語が1語ずつあります。〈4点×2〉

(1) 私の母は日本語を話しません。 (does / Japanese / mother / speak / is / my / not).

....

(2) あなたのお兄さんは英語の先生ですか。 (is / brother / does / English / your / teacher / an)?

....?

5 次の日本文を英語に直しなさい。〈5点×2〉

(1) あなたは東京出身ですか。

....

(2) 手を洗いなさい。

....

過去の文

基礎の確認

●〔　　〕に適する語を書き入れましょう。（解答▶別冊 p.2）

❶ be動詞の過去形

▶過去の文では、**be動詞**は文の**主語**によって**was** と **were** を使い分ける。

I 〔①　　　　〕 sleepy then.

My sister 〔②　　　　〕 sick yesterday.

We 〔③　　　　〕 in the same class last year.

❷ 一般動詞の過去形

▶一般動詞には**規則動詞**と**不規則動詞**がある。規則動詞の過去形は**語尾に ed をつけ**、不規則動詞の過去形は **1 つずつ変化が異なる**。

規則動詞

play 〔①　　　　〕　use 〔②　　　　〕

study 〔③　　　　〕　stop 〔④　　　　〕

不規則動詞

do 〔⑤　　　　〕　have 〔⑥　　　　〕

go 〔⑦　　　　〕　come 〔⑧　　　　〕

❸ 疑問文の形

▶**be動詞**の疑問文は **was、were を主語の前**に出し、**一般動詞**の疑問文は **Did を主語の前**に置いて作る。

be動詞

She was in Nara. → 〔①　　　　〕 she in Nara?

You were tired then. → 〔②　　　　〕 you tired then?

一般動詞

They visited Kyoto. → 〔③　　　　〕 they visit Kyoto?

May took pictures. → 〔④　　　　〕 May take pictures?（動詞は原形）

❹ 否定文の形

▶be動詞の否定文は **was、were のあとに not** を、**一般動詞**の否定文は**動詞の前に did not** を置く。

We were home then. → We were 〔①　　　　〕 home then.

I watched TV. → I 〔②　　　　〕〔　　　　〕 watch TV.（動詞は原形）

❺ 過去を表す語句

▶過去の文には、過去を表す語句が示されていることが多い。

They were happy then. → 彼らは〔①　　　　〕幸せでした。

It rained last night. → 〔②　　　　〕雨が降りました。

●be動詞の過去形

主語	現在形	過去形
I	am	was
3人称単数	is	
you と複数	are	were

●規則動詞の ed のつけ方

原形の語尾	つけ方
ふつう	-ed
e で終わる	-d
〈子音字＋y〉	-y → -ied
〈短母音＋子音字〉	子音字を重ねて-ed

ミス注意 read の過去形

read [riːd　リード] の過去形は、原形と同じつづりだが、発音は [red　レッド] となるので注意しよう。

ミス注意 疑問文・否定文の動詞の形

一般動詞の疑問文、否定文では、**動詞はいつも原形**にする。過去形にしてしまうミスが多いので注意しよう。

●過去の否定の短縮形

会話では短縮形がよく使われる。

was not →	wasn't
were not →	weren't
did not →	didn't

●過去を表す語句

□yesterday（昨日）
□last ～（この前の～）
last year（去年）
last month（先月）
last week（先週）
last night（昨夜）
□～ ago（～前）
five days ago（5日前）
ten years ago（10年前）
□then、at that time（そのとき）

実力完成テスト

＊解答と解説…別冊 p.2
＊時　間………15分

得点　　点／50点

1 正しい英文になるように、____に適する語を(　　)内から選んで入れなさい。〈2点×5〉

(1) I ______________ in the art club three years ago.　(am / was / were)

(2) We ______________ in New York last week.　(are / was / were)

(3) My brother ______________ hungry at that time.　(is / was / were)

(4) They ______________ with their grandparents last spring.　(stay / stays / stayed)

(5) Mr. Hill ______________ in the park yesterday morning.　(run / runs / ran)

2 日本文に合うように、____に適する語を入れなさい。〈2点×5〉

(1) 私は昨日、数学を熱心に勉強しました。　I ______________ math hard yesterday.

(2) マヤは昨夜その本を読みました。　Maya ______________ the book last night.

(3) 父はこの物語を10年前に書きました。　My father ______________ this story ten years ago.

(4) 先生は「静かに」と言いました。　Our teacher ______________, “Be quiet.”

(5) 私たちは彼らと楽しい時を過ごしました。　We ______________ a good time with them.

3 次の対話が成り立つように、____に適する語を入れなさい。〈4点×3〉

(1) *A*：Bob, ______________ you on the basketball team last year?
B：Yes, I ______________.　We practiced hard every day.

(2) *A*：______________ Mr. Brown busy last week?
B：No, he ______________.

(3) *A*：______________ you walk to the museum yesterday?
B：No, I ______________.　I went there by bus.

4 日本文に合うように、次の語を並べかえなさい。ただし、不要な語が1語ずつあります。〈4点×2〉

(1) トムは私の宿題を手伝ってくれませんでした。
Tom (was / me / did / homework / with / not / help / my).
Tom --.

(2) あなたは昨夜何をしましたか。(were / you / do / what / night / last / did)?
--?

5 次の日本文を英語に直しなさい。〈5点×2〉

(1) この前の土曜日、私はひまでした。
----

(2) 私の弟は今朝早く起きました。

英語 3日目

進行形・未来の文

基礎の確認

●〔　　〕に適する語を書き入れましょう。（解答▶別冊 p.3）

❶ 進行形の文の形

▶進行形は〈be動詞＋～ing〉の形で表す。**be動詞**は、**主語**や**現在か過去か**によって、am、is、are（└現在進行形の文）、was、were（└過去進行形の文）を使い分ける。

I〔①　　　　〕cooking now.（料理している）

My sister〔②　　　　〕reading then.（読書していた）

They were〔③　　　　〕together.（歌っていた）

Tom is〔④　　　　〕with Nick.（走っている）

❷ 進行形の疑問文・否定文

▶進行形の**疑問文**は**be動詞を主語の前**に出し、**否定文**は**be動詞のあとに not** を置く。

疑問文　He was sleeping. →〔①　　　　〕he sleeping?

否定文　Ken is running. → Ken is〔②　　　　〕running.

❸ 未来の文（be going to ～と will）

▶**未来**のことは〈**be going to＋動詞の原形**〉か〈**will＋動詞の原形**〉の形で表す。

He〔①　　　　〕going to see her next week.（会う予定だ）

I'm〔②　　　　〕to go shopping this Saturday.（買い物に行く予定だ）

I〔③　　　　〕clean my room today.（掃除します）

It will〔④　　　　〕rainy tomorrow.（雨だろう）

❹ 未来の疑問文・否定文

▶**be going to ～の疑問文**は**be動詞を主語の前**に出し、**will の疑問文**は **will を主語の前**に出して作る。**be going to ～の否定文**は**be動詞のあとに not** を置き、**will の否定文**は **will のあとに not** を置く。**will not の短縮形**は won't になる。

疑問文
〔①　　　　〕you going to walk in the park tomorrow?
〔②　　　　〕Ms. White be busy this afternoon?

否定文
We are〔③　　　　〕going to cook dinner.
I will〔④　　　　〕study math tonight.

●進行形の文の形と意味

①現在進行形
形…〈am〔is, are〕＋～ing〉
意味…「～している」

②過去進行形
形…〈was〔were〕＋～ing〉
意味…「～していた」

●ing のつけ方

原形の語尾	つけ方
ふつう	-ing
e で終わる	**e をとって** -ing
〈短母音＋子音字〉	**子音字を重ねて**-ing

●未来の文の形と意味

形…①〈**be going to＋動詞の原形**〉
　　②〈**will＋動詞の原形**〉
意味…「～するつもりだ」
　　　「～するだろう」

くわしく
すでに決まっている予定には be going to ～（～する予定だ）、その場で決めたことや予測などには will（～する、～だろう）を使う。

●未来を表す語句

□**tomorrow**（明日）
□**next ～**（次の～）
　next week〔month〕（来週〔月〕）
　next Sunday（次の日曜日）

確認　疑問文の答え方

① be going to ～の疑問文には、ふつうの be動詞の疑問文と同じように、**be動詞を使って**答える。

② **Will ～?** には、will を使って、**Yes, ～ will.** や **No, ～ won't〔will not〕.** と答える。

●依頼の Will you ～?

Will you ～? には「**～しますか**」のほかに、「**～してくれませんか**」と相手に**依頼**する意味も表す。Sure. / OK. / All right.（いいですよ）や I'm sorry.（ごめんなさい）などで応じる。

実力完成テスト

＊解答と解説…別冊 p.3
＊時　間………15分

得点　　点／50点

1 正しい英文になるように、____に適する語(句)を(　　)内から選んで入れなさい。〈2点×5〉

(1) Ben and Ted are ____________ to music.　(listen / going / listening)

(2) I ____________ walking to the station around 3 p.m. yesterday.　(am / was / will)

(3) They ____________ going to stay with us next summer.　(is / are / will)

(4) Aya ____________ to leave home at six tomorrow morning.　(will / is going / going)

(5) Ted ____________ be fifteen next month.　(is / will / going to)

2 日本文に合うように、____に適する語を入れなさい。〈2点×5〉

(1) 私たちはテスト勉強をしているところです。　We ____________ ____________ for the test.

(2) アンは岡先生と話していましたか。　____________ Ann ____________ with Ms. Oka?

(3) 私はそのとき泳いでいませんでした。　I ____________ ____________ then.

(4) 彼は夕食に何を料理する予定ですか。What ____________ he ____________ to cook for dinner?

(5) 窓を開けてくれませんか。　____________ ____________ open the window?

3 次の対話が成り立つように、____に適する語を入れなさい。〈4点×3〉

(1) *A*：____________ you ____________ free tomorrow?

B：No, I ____________.　I'll take care of my brothers.

(2) *A*：____________ you ____________ to travel abroad this summer?

B：Yes, I ____________.　I'm going to visit Europe.

(3) *A*：____________ you watching the soccer game on TV around eight last night?

B：No, I wasn't.　I ____________ helping my mother in the kitchen.

4 日本文に合うように、次の語を並べかえなさい。ただし、不要な語が1語ずつあります。〈4点×2〉

(1) 私の兄は将来、獣医になるでしょう。(vet / my / be / a / going / brother / in / will) the future.

-- the future.

(2) あなたは冬休みをどのように過ごす予定ですか。

(going / spend / your / you / will / are / how / to) winter vacation?

-- winter vacation?

5 次の日本文を(　　)内の語を使って英語に直しなさい。〈5点×2〉

(1) 明日は暖かくないでしょう。(will)

----

(2) あなたは何をしているのですか。(doing)

英語 4日目

助動詞

基礎の確認

●〔　〕に適する語を書き入れましょう。（解答▶別冊 p.3）

❶ can、may、must の文

▶can は「～できる」└能力・可能、may は「～してもよい」└許可、「～かもしれない」└推量、must は「～しなければならない」└義務 の意味を表す助動詞。

I〔①　　　　〕drive a car.（運転することができる）

She〔②　　　　〕be free.（ひまかもしれない）

You〔③　　　　〕leave now.（出発しなければならない）

❷ 助動詞の疑問文・否定文

▶助動詞の**疑問文**は**助動詞を主語の前**に出し、**否定文**は**助動詞のあとにnot**を置く（can の否定形は cannot と 1 語）。

疑問文 She can swim fast.→〔①　　　　〕she swim fast?

否定文 He may come. → He may〔②　　　　〕come.

❸ have〔has〕to ～の文

▶have〔has〕└主語が３人称単数のとき to ～は「～しなければならない」という意味を表す。

I〔①　　　　〕〔　　　　〕study math.

（勉強しなければならない）

John └３人称単数〔②　　　　〕〔　　　　〕walk to school.

（歩いて行かなければならない）

❹ should の文

▶should は「～したほうがよい、～すべきである」という意味を表す。

You〔①　　　　〕read this book.（読んだほうがいい）

❺ 助動詞を使ったさまざまな表現

▶May〔Can└mayよりくだけた言い方〕I ～? は「～してもいいですか」と許可を求める表現。Can〔Will〕you ～? は「～してくれますか」という気軽な依頼を表し、Could〔Would〕you ～? を使うとよりていねいな言い方になる。

〔①　　　　〕〔　　　　〕come in?（入ってもいいですか）

〔②　　　　〕〔　　　　〕help me?（手伝ってくれますか）

〔③　　　　〕〔　　　　〕close the door?

（閉めていただけますか）

くわしく 助動詞の意味

can	～できる、～でありうる、～してもよい
may	～してもよい、～かもしれない
must	～しなければならない、～にちがいない

●助動詞の用法

〈助動詞＋動詞の原形〉の形で使い、主語によって助動詞の形が変化することはない。

●否定の短縮形

cannot →	can't
must not →	mustn't
should not →	shouldn't

くわしく be able to ～

be able to ～も「～できる」という意味を表す。

●have〔has〕to ～の疑問文と否定文

一般動詞の文と同様に、疑問文は Do〔Does〕を主語の前に出し、主語のあとには have to ～を続ける。否定文は don't〔doesn't〕have to ～で表す。

ミス注意 don't have to ～の意味

must not ～は「～してはいけない」という意味で「禁止」を表すが、don't〔doesn't〕have to ～は「～する必要はない」という意味で、「不必要」を表すので注意すること。

●許可の求めや依頼への答え方

May〔Can〕I ～?（許可）や Can〔Will / Could / Would〕you ～?（依頼）には、Sure. / OK. / All right.（いいですよ）や Yes, of course.（はい、もちろん）などで応じる。断るときには、I'm sorry.（ごめんなさい）などと謝ったあとに、理由を付け加えるとよい。

実力完成テスト

＊解答と解説…別冊 p.3
＊時　間………15分

得点　　点／50点

1 正しい英文になるように、____に適する語(句)を(　　)内から選んで入れなさい。 〈2点×5〉

(1) Meg can ____________ the guitar very well. (play / plays / playing)

(2) I have ____________ to bed early tonight. (go / going / to go)

(3) ____________ I see your picture? —— Sure. (Am / May / Have)

(4) ____________ you help me? —— OK. (Are / Should / Can)

(5) ____________ I buy this book? —— No, you don't have to. (Have / Must / Did)

2 日本文に合うように、____に適する語を入れなさい。 〈2点×5〉

(1) エマは今日学校に来られません。 Emma ____________ ____________ to school today.

(2) あなたは今すぐ起きたほうがいいですよ。 You ____________ ____________ up now.

(3) その知らせは本当かもしれません。 The news ____________ ____________ true.

(4) 彼女は犬の散歩をしなければなりません。 She ____________ to ____________ her dog.

(5) 〈よりていねいに〉ここにあなたのお名前を書いていただけますか。

____________ ____________ write your name here?

3 各組の英文がほぼ同じ内容になるように、____に適する語を入れなさい。 〈4点×2〉

(1) Don't eat here.

You ____________ ____________ eat here.

(2) Please say that again.

____________ ____________ say that again?

4 日本文に合うように、次の語を並べかえなさい。 〈4点×3〉

(1) 私はその質問に答えることができました。I (to / the / answer / was / question / able).

I --.

(2) 私たちはその問題について考えるべきだ。(problem / should / about / think / we / the).

--.

(3) 彼は何時に帰宅しなければなりませんか。What time (he / home / does / have / get / to)?

What time --?

5 次の日本文を英語に直しなさい。 〈5点×2〉

(1) あなたの自転車を使ってもいいですか。

----

(2) あなたはそのことについて心配する必要はありません。

英語 5日目

疑問詞・代名詞・接続詞など

基礎の確認

●〔　　〕に適する語を書き入れましょう。（解答▶別冊 p.4）

❶ what、who、when、where、how など

▶疑問詞 what は「何」、who は「だれ」、when は「いつ」、where は「どこ」、how は「どのように」「どのような」という意味を表す。

〔①　　　　　〕is that? —— It's a computer.　（何）

〔②　　　　　〕do you live? —— I live in Nagoya.　（どこ）

❷〈how＋形容詞〔副詞〕〉

▶how のあとに many、much、old などを続けて、「数」、「金額・量」、「年齢」などをたずねることができる。

数 How〔①　　　　　〕pens do you want? —— Three.

金額 How〔②　　　　　〕is this bag? —— It's 20 dollars.

❸ 人称代名詞の変化

▶人称代名詞は、文中の働きによって、**主格**(～は・が)、**所有格**(～の)、**目的格**(～を・に)を使い分ける。**所有代名詞**は「～のもの」。

	単数				複数			
人称	は・が	の	に・を	のもの	は・が	の	に・を	のもの
1	I	〔①　〕	me	〔②　〕	we	our	〔⑦　〕	〔⑧　〕
2	you	〔③　〕	you	yours	you	your	you	〔⑨　〕
3	he she it	his her its	〔④　〕 her 〔⑥　〕	his 〔⑤　〕 —	they	〔⑩　〕	〔⑪　〕	theirs

❹ 接続詞(and、but、or、so / when、if、that など)

▶and、but、or、so は前後の語、句、文を対等の関係で結ぶ。when、if は〈When〔If〕 ~, ….〉や〈… when〔if〕 ~.〉の形で使う。that は〈that＋主語＋動詞 ~〉の形で、動詞 know、think や I'm sure などのあとに続く。

└文と文をつなぐ　└コンマを入れる

You〔①　　　　　〕I are good friends.　（あなたと私）

〔②　　　　　〕I'm free, I go shopping.　（ひまなとき）

❺ 時・場所を表す前置詞

▶at、on、in などの前置詞は、あとに続く語句によって使い分ける。

I get up〔①　　　　　〕seven.　（〈時刻〉に）

What do you do〔②　　　　　〕Sundays?　（〈曜日〉に）

We have the sports day〔③　　　　　〕May.　（〈月〉に）

●**疑問詞の意味**

疑問詞	意　味
what	何(の)
who	だれ
when	いつ
where	どこ
how	どう、どのように、どのような
which	どちら(の)、どれ、どの
whose	だれの(もの)

●**〈how＋形容詞〔副詞〕〉の意味**

how many	いくつ(数)
how much	いくら(金額)、どのくらい(量)
how old	何歳(年齢)
how long	どのくらい長い〔長く〕(長さ・期間)
how tall	どのくらい高い(身長・高さ)
how high	どのくらい高い(高さ)
how far	どのくらい遠い(距離)

●**and、but、or、so の意味**

and　(～と…、そして)
but　(しかし、だが)
or　(～か…、または)
so　(それで、だから)

●**when、if、because、that などの意味**

when(～のとき)、if(もし～ならば)、because(なぜなら～だから)、that(～ということ)、before(～する前に)、after(～したあとに)

ミス注意 **時・条件のとき**

時・条件を表す接続詞に続く文では、**未来のことも現在形**で表す。

I'll go if it is sunny tomorrow.
└現在形

(明日晴れなら、私は行きます。)

●**時、場所を表す at、on、in**

at：時刻；(地点)に
on：曜日、日付；(接触して)～の上に
in：月、季節、年、期間；(空間)に

実力完成テスト

＊解答と解説…別冊 p.4
＊時　間………15分

得点　　点／50点

1 正しい英文になるように、____に適する語を（　　）内から選んで入れなさい。〈2点×5〉

(1) Are you and Kaito in the same class? —— Yes, ________ are.　(we / you / they)

(2) How ________ does it take to the station? —— About 10 minutes. (far / long / much)

(3) ________ is your birthday? —— My birthday is May 5.　(Where / How / When)

(4) I arrived in the U.S. ________ July 4.　(at / in / on)

(5) I'll meet Mr. Johnson ________ 2 p.m. today.　(at / of / on)

2 日本文に合うように、____に適する語を入れなさい。〈2点×5〉

(1) もし明日晴れたら、外出しましょう。Let's go out ________ it's sunny tomorrow.

(2) あなたはどちらがほしいのですか、タブレットですかそれともコンピューターですか。

________ do you want, a tablet ________ a computer?

(3) 動物園まではどのくらい距離がありますか。________ ________ is it to the zoo?

(4) 私は一輪車に乗れませんが、妹は乗れます。I can't ride a unicycle, ________ my sister can.

(5) 今日だれが私たちと働けますか。________ can work with ________ today?

3 次の対話が成り立つように、____に適する語を入れなさい。〈4点×3〉

(1) *A*：________ bike is this?

B：It's mine.　My parents gave it to me on my birthday.

(2) *A*：Why were you late for school this morning?

B：________ I missed the bus.

(3) *A*：________ ________ children do you see under the tree?

B：Well, I see ten.

4 日本文に合うように、次の語を並べかえなさい。〈4点×2〉

(1) 私が起きたとき、雪が降っていました。 It (snowing / I / got / was / up / when).

It ______________________________.

(2) 彼女は運転できないと思います。 I (don't / can / think / drive / she / that).

I ______________________________.

5 次の日本文を英語に直しなさい。〈5点×2〉

(1) あのバスケットボール選手の身長はどのくらいですか。

____

(2) 日本では学校は4月に始まります。

____

英語 6日目

〈to＋動詞の原形〉・動名詞

基礎の確認

●〔　　〕に適する語を書き入れましょう。（解答▶別冊 p.4）

❶ 不定詞の基本3用法（名詞・副詞・形容詞）

▶**不定詞**（└〈to＋動詞の原形〉）は文中での働きによって3つの用法がある。**名詞的用法**は**「～すること」**の意味で名詞と同じ働きをする。**副詞的用法**は**「～するために」**の意味で**目的**を表したり、**「～して」**の意味で**感情の原因**を表したりする。**形容詞的用法**は**「～するための」「～すべき」**の意味で前の名詞や -thing などを修飾する。

I like 〔①　　　〕〔　　　〕 books.　（読むこと）

He came here 〔②　　　〕〔　　　〕 us.　（助けるために）

I'm glad 〔③　　　〕〔　　　〕 the news.　（聞いて）

I have many things 〔④　　　〕〔　　　〕.　（すべき）

❷ 動名詞

▶**「～すること」**の意味を表す**動詞のing形**を**動名詞**という。動名詞は文中で、動詞の目的語、主語・補語、前置詞の目的語になる。

I enjoyed 〔①　　　〕 with Tom.　（踊ること）

How about（└「～はどうですか」） 〔②　　　〕 to the movies?　（行くこと）

❸ 動名詞と不定詞（名詞的用法）

▶**動名詞も不定詞も「～すること」**の意味を表すが、動名詞だけを目的語にとる動詞、不定詞だけを目的語にとる動詞などがある。

It will stop 〔①　　　〕 soon.　（雨が降ること）

He wants 〔②　　　〕〔　　　〕 art.　（勉強すること）

❹ 〈疑問詞＋to ～〉

▶**〈疑問詞＋to＋動詞の原形〉**は know などの動詞の目的語になる。

I know 〔①　　　〕〔　　　〕 swim.　（泳ぎ方）

❺ 不定詞のいろいろな用法

▶**「(人)に～してほしい」**は**〈want＋人＋to＋動詞の原形〉**で、**「(人にとって)～することは…だ」**は**〈It（└このitに「それ」という意味はない）…（for＋人）＋to＋動詞の原形.〉**で表す。

I want you 〔①　　　〕〔　　　〕.　（来てほしい）

〔②　　　〕 is fun 〔　　　〕〔　　　〕.　（歌うのは）

確認 よく出る〈動詞＋to ～〉

want to ～	「～したい」
like to ～	「～するのが好きだ」
begin to ～	「～し始める」
try to ～	「～しようとする」

確認 Why ～? — To ～.

Why ～?（なぜ～か）の問いに、To ～.（～するためです）と不定詞で目的を答えることもある。

ミス注意 前置詞のあとは動名詞

I'm good **at taking** pictures.のように前置詞（at）のあとは不定詞ではなく動名詞がくる。

ミス注意 動詞による動名詞・不定詞の使い分け

①目的語に動名詞だけをとる動詞
enjoy（楽しむ）、stop（やめる）、finish（終える）など。

②目的語に不定詞だけをとる動詞
want（欲する）、wish（願う）、hope（希望する）など。

③どちらもとる動詞
like（好む）、love（愛する）、begin / start（始める）など。

●〈疑問詞＋to ～〉の意味

how to ～	～のしかた
what to ～	何を～すべきか
where to ～	どこで～すべきか
when to ～	いつ～すべきか
which to ～	どれを～すべきか

●〈動詞＋人＋to ～〉の意味

want 人 to ～
（(人)に～してほしい）

ask〔tell〕 人 to ～
（(人)に～するようにたのむ〔言う〕）

●「～することは…だ」の文

To cook is easy.

It is easy to cook.
（└仮の主語）（└本当の主語）

実力完成テスト

＊解答と解説…別冊 p.4
＊時　間………15分

得点　　点／50点

1 正しい英文になるように、＿＿に適する語(句)を(　　)内から選んで入れなさい。　〈2点×5〉

(1) Ryo went to Kanazawa ______________ his cousins.　(see / saw / to see)

(2) James wants ______________ an actor in the future.　(is / be / to be)

(3) Did you finish ______________ your report?　(write / to write / writing)

(4) Misa was surprised ______________ at the picture.　(look / looking / to look)

(5) I'm interested in ______________ foreign languages.　(learn / learning / to learn)

2 次の英文の＿＿に、(　　)内の語を適する形にして入れなさい。ただし、2語になる場合もあります。　〈2点×5〉

(1) Did you enjoy ______________ fresh fruit there?　(eat)

(2) She left the room without ______________ anything.　(say)

(3) Last week, he didn't have time ______________ his grandparents.　(visit)

(4) My brother asked me ______________ him with his homework.　(help)

(5) They were tired after ______________ the mountain.　(climb)

3 日本文に合うように、次の語を並べかえなさい。　〈5点×4〉

(1) 父はよく私に本を読むように言います。　My father often (me / read / tells / to / books).

My father often ______________________________.

(2) 私にとってほかの人と話をするのはおもしろい。

(to / me / interesting / for / talk / is / with) other people.

It ______________________________ other people.

(3) 次に何をすればいいのか知っていますか。　(know / to / do / you / what / do) next?

______________________________ next?

(4) 彼らは冷たい飲み物をほしがっています。　(something / want / they / to / cold) drink.

______________________________ drink.

4 次の日本文を英語に直しなさい。　〈5点×2〉

(1) あなたは将来何になりたいですか。

____

(2) 私の兄は料理をすることがじょうずです。

____

いろいろな文型

基礎の確認

●〔　　〕に適する語を書き入れましょう。（解答▶別冊 p.5）

❶ There is〔are〕~. の文

▶There is〔are〕~. の文の**be動詞**は、**主語**と**時**（└現在か過去か）によって使い分ける。

There 〔①　　　　　　〕 a glass（└単数） on the table.（コップが1つある）

There 〔②　　　　　　〕 two dogs（└複数） in the yard.（犬が2匹がいた）

❷ There is〔are〕~. の疑問文・否定文

▶There is〔are〕~. の文の**疑問文**は**be動詞を there の前**に出し、**否定文**は**be動詞のあとに not** を置く。

疑問文 〔①　　　　　　〕 there a cat on the bed?（いるか）

否定文 There was 〔②　　　　　　〕 a zoo in the town.（なかった）

❸ look、become などの文

▶look、become などの動詞は、**主語のようすを説明する語句**（└「補語」とよばれる。主語＝補語の関係）があとにくる文型を作る。

Mr. Baker 〔①　　　　　　〕 tired.（疲れているように見える）

My brother 〔②　　　　　　〕 a lawyer.（弁護士になった）

❹ give、tell などの文

▶give、tell などの動詞は**2つの目的語をとる**ことができる。2つの目的語は〈人（└代名詞のときは目的格）＋物〉の語順になる。

I'll 〔①　　　　　　〕 〔　　　　　　〕（└「人」） these flowers（└「物」）.（彼女にあげる）

❺ SVOO→〈SVO＋to〔for〕＋人〉

▶2つの目的語をとる動詞に続く**〈人＋物〉**の語順を入れかえて、**〈物＋to〔for〕＋人〉**で表されることもある。

I told the way（└「物」） 〔①　　　　　　〕 〔　　　　　　〕（└「人」）.（彼女に道を教えた）

She'll buy the book（└「物」） 〔②　　　　　　〕 〔　　　　　　〕（└「人」）.（私に本を買う）

❻ call、name などの文

▶call、name などの動詞は、**目的語と補語を同時にとる**（└目的語＝補語）文型を作る。

They 〔①　　　　　　〕 〔　　　　　　〕（└目的語） Sho（└補語）.（彼をショウと呼ぶ）

The news 〔②　　　　　　〕 〔　　　　　　〕（└目的語） glad（└補語）.（私を喜ばせた）

●There is〔are〕~. の文
〈There is〔are〕＋主語＋場所を表す語句.〉で、「…に～がある〔いる〕」の意味を表す。

●「～があった」の文（過去の文）
There is〔are〕~. の is〔are〕を過去形の was〔were〕にすれば、「…に～があった〔いた〕」という過去の意味を表す。

くわしく look、become などの文
〈主語（S）＋動詞（V）＋補語（C）〉の形で、「…は～に見える」「…は～になる」などの意味を表す。

●SVC の文型を作る動詞
Cに形容詞がくる動詞
look（～に見える）、get（～になる）、sound（～に聞こえる）
Cに形容詞と名詞がくる動詞
be動詞、become（～になる）。

くわしく give、tell などの文
〈主語（S）＋動詞（V）＋目的語（O）＋目的語（O）〉の形で、「…は（人）に（物）を～する」の意味を表す。

●SVOO の文型を作る動詞
give（与える）、tell（伝える）、show（見せる）、send（送る）、teach（教える）、ask（たずねる）、make（作る）、buy（買う）など。

確認 to か for か
〈SVO＋to ～〉型の動詞
give、tell、show、send、teach など。
〈SVO＋for ～〉型の動詞
make、buy、get など。

くわしく call、name などの文
〈主語（S）＋動詞（V）＋目的語（O）＋補語（C）〉の形をとる。
SVOC の文型を作る動詞は、
call（…を～と呼ぶ）
name（…を～と名づける）
make（…を～にする）
keep（…を～にしておく）
find（…が～とわかる）など。

実力完成テスト

＊解答と解説…別冊 p.5
＊時　間………15分

得点　　点／50点

1 正しい英文になるように、____に適する語を（　）内から選んで入れなさい。 〈2点× 4〉

(1) There __________ three cats under the car.　(is / are / have)

(2) There __________ some coffee in the cup.　(have / was / were)

(3) Fred __________ us the story this morning.　(said / talked / told)

(4) Will it __________ dark soon?　(get / give / make)

2 日本文に合うように、____に適する語を入れなさい。 〈2点× 3〉

(1) このあたりに銀行は1つもありません。
There __________ __________ any banks around here.

(2) その雲はイルカのように見えましたか。Did the cloud __________ __________ a dolphin?

(3) すぐにあなたにメールを送ります。 I'll __________ __________ an e-mail soon.

3 各組の英文がほぼ同じ内容になるように、____に適する語を入れなさい。 〈4点× 4〉

(1) A week has seven days.
__________ __________ seven days in a week.

(2) Mr. Oka is our music teacher.
Mr. Oka __________ __________ music.

(3) My father felt happy when he listened to the song.
The song __________ my father happy.

(4) What is the English name of this white bird?
What do you __________ this white bird in English?

4 日本文に合うように、次の語を並べかえなさい。 〈5点× 2〉

(1) そのドアを開けたままにしてください。 Please (door / that / open / keep).
Please ....

(2) 両親が私たちにこのピアノを買ってくれました。Our parents (piano / for / this / bought / us).
Our parents ....

5 次の日本文を英語に直しなさい。 〈5点× 2〉

(1) あなたに1つ質問してもいいですか。

....

(2) 私の町には大きな公園が2つあります。

....

英語 8日目

比較の文

基礎の確認

●〔　　〕に適する語を書き入れましょう。（解答▶別冊 p.5）

❶ 比較級・最上級の形

▶形容詞・副詞には、語尾に -er、-est をつけたり前に more、most を置いたりして規則的に変化する語と、不規則に変化する語がある。

原級 └もとの形	比較級	最上級
tall	〔①　　〕	〔②　　〕
large	〔③　　〕	〔④　　〕
popular	〔⑤　　〕	〔⑥　　〕
good	〔⑦　　〕	〔⑧　　〕
many	〔⑨　　〕	〔⑩　　〕

❷ 比較級・最上級の文

▶〈比較級＋than …〉の形で、**「…より～」**という意味を表す。また、〈the＋最上級＋in〔of〕…〉の形で、**「…の中でいちばん～」**という意味を表す。in か of かは、あとの語句で使い分ける。

I'm 〔①　　〕 than your brother.　（より年上）

Sho runs the 〔②　　〕 of the five.　（いちばん速く）
└複数を表す語句

❸ as ～ as …の文

▶〈as＋原級＋as …〉の形で、**「…と同じくらい～」**という意味を表す。

Jim is 〔①　　〕〔　　〕〔　　〕 Ted.　（同い年）

❹ like ～ better〔the best〕の文

▶**「～のほうが好き」「～がいちばん好き」**は better や best を使って表す。

I 〔①　　〕 spring 〔　　〕 than fall.（秋より春のほうが好き）

He 〔②　　〕 red the 〔　　〕 of all colors.（赤がいちばん好き）

❺ 注意すべき比較の表現

▶比較級を強めるときはmuchを使う。また、〈one of the＋最上級＋複数名詞〉の形で**「最も～な…のひとつ」**の意味を表す。

Q.5 is 〔①　　〕 more difficult than Q.3.（ずっと難しい）

He is one of the 〔②　　〕 singers.（最高の歌手のひとり）
└複数名詞

●-er、-est のつけ方

原級の語尾	つけ方
ふつう	-er、-est
e で終わる	-r、-st
〈子音字＋y〉	-y → -ier、-iest
〈短母音＋子音字〉	子音字を重ねて -er、-est

確認 more ～、most ～
つづりの長い語の比較級・最上級は、**原級の前に more、most** を置く。

ミス注意 不規則変化
good / well ｝－better－best
many / much ｝－more－most

ミス注意 in と of の使い分け
・in＋場所・範囲
in Japan、in my class
・of＋複数を表す語句
of the three、of all

確認 not as ～ as …
as ～ as …の否定形の〈not as＋原級＋as …〉は、**「…ほど～でない」**の意味になる。

●like ～ better など
A と B を比べて、**「B より A が好きだ」**は、〈like A better than B〉。3 つ以上のものを比べて、**「…の中で A がいちばん好きだ」**は、〈like A the best of〔in〕…〉で表す。
└the をつけないこともある

●注意すべき比較の表現
・〈much＋比較級〉→比較級を強めて「ずっと～」
・〈one of the＋最上級＋複数名詞〉→「最も～な…のひとつ」
・〈比較級＋than any other＋単数名詞〉→「ほかのどの…より～」

実力完成テスト

＊解答と解説…別冊 p.6
＊時　間………15分

得点　　点／50点

1 正しい英文になるように、____に適する語(句)を(　　)内から選んで入れなさい。〈2点×4〉

(1) February is ____________ than January. (short / shorter / the shortest)
(2) Australia is ____________ larger than Japan. (very / much / more)
(3) Shiori lives the closest to our school ____________ us all. (in / of / on)
(4) Nana likes tea ____________ than coffee. (much / better / best)

2 次の英文の____に、(　　)内の語を比較級や最上級の形にして入れなさい。ただし、2語になる場合もあります。〈2点×5〉

(1) My sister got up the ____________ in my family. (early)
(2) What is the ____________ school event to you? (exciting)
(3) Who is the ____________ player of the three? (good)
(4) It was ____________ today than yesterday. (hot)
(5) I have ____________ books than my brother. (many)

3 各組の英文がほぼ同じ内容になるように、____に適する語を入れなさい。〈4点×3〉

(1) This apple looks smaller than that one.
That apple looks ____________ than this one.
(2) Music is not as popular as P.E. in my class.
P.E. is ____________ ____________ than music in my class.
(3) I like soccer the best of all sports.
I like soccer ____________ ____________ any other sport.

4 日本文に合うように、次の語を並べかえなさい。〈5点×2〉

(1) 私たちのクラスでは英語が2番目に人気のある教科です。
English is (second / subject / most / the / popular) in our class.
English is .... in our class.
(2) この部屋はあなたの部屋ほど広くない。(room / not / as / as / yours / this / is / large).
....

5 次の日本文を英語に直しなさい。〈5点×2〉

(1) あなたはどの季節がいちばん好きですか。
....
(2) 彼は世界で最も有名な野球選手のひとりです。
....

英語 9日目 受け身・現在完了形

基礎の確認

●〔　　〕に適する語を書き入れましょう。（解答▶別冊 p.6）

❶ 受け身の文の形

▶**受け身**は〈**be動詞＋過去分詞**〉の形で表す。**be動詞**は、主語や現在か過去かによって、am、are、is、was、were を使い分ける。

English is 〔①　　　　〕 around the world.（使われている）

This window was 〔②　　　　〕 by Jack.（壊された）

❷ 過去分詞

▶動詞の**過去分詞**のほとんどは過去形と同じだが、不規則に変化する動詞もある。

規則動詞	call	〔①　　　　〕	love	〔②　　　　〕
不規則動詞	make	〔③　　　　〕	hold	〔④　　　　〕
	take	〔⑤　　　　〕	write	〔⑥　　　　〕

❸ 受け身の疑問文・否定文

▶受け身の**疑問文**は**be動詞を主語の前**に出し、**否定文**は**be動詞のあとにnot**を置く。

疑問文 〔①　　　　〕 you invited to the party?（招待されたか）

否定文 This bird is 〔②　　　　〕 seen in Japan.（見られない）

❹ 現在完了形(経験・完了・継続)

▶**現在完了形**の文は〈**have〔has〕＋過去分詞**〉の形で、**「経験」「完了」「継続」**の意味で使われる。

I 〔①　　　　〕〔　　　　〕 the U.S. twice └「2回」（訪れたことがある）

We 〔②　　　　〕 just └「ちょうど」 〔　　　　〕 dinner.（食べたところだ）

He 〔③　　　　〕〔　　　　〕 in Kobe since └「〜以来」 2020.（住んでいる）

❺ 現在完了形の疑問文・否定文

▶現在完了形の**疑問文**は**have〔has〕を主語の前**に出し、**否定文**は**have〔has〕のあとに not** を置く。

疑問文 〔①　　　　〕 you ever been to Ise?（行ったことがあるか）

否定文 I have 〔②　　　　〕 started yet.（出発していない）

He has 〔③　　　　〕 played *shogi*.（一度もしたことがない）

●受け身の文の形と意味

①現在の受け身

形…〈am〔are, is〕＋過去分詞〉

意味…「〜され(てい)る」

②過去の受け身

形…〈was〔were〕＋過去分詞〉

意味…「〜され(てい)た」

確認 by 〜

行為をする人を表すときは、by 〜 を続ける。by のあとに代名詞がくるときは**目的格**にする。

●現在完了形の文の形と意味

形…〈have〔has〕＋過去分詞〉

意味…

①経験**「〜したことがある」**

②完了**「〜したところだ」**

③継続**「ずっと〜している」**(状態)

くわしく 現在完了進行形

play や run などの**動作**を「ずっと〜し(続け)ている」と表すときは、**現在完了進行形**〈have〔has〕 been＋〜ing〉で表す。

●「経験」の文でよく使う語句

- once（1回）・twice（2回）
- three times（3回）
- many times（何度も）
- before（前に）
- ever（今までに）
- never（今までに一度も〜ない）

ミス注意 have been to 〜

have been to 〜で「〜に行ったことがある」という意味を表す。

●「完了」の文でよく使う語

- just（ちょうど）
- already（すでに）
- yet（〈疑問文で〉もう、〈否定文で〉まだ）

●「継続」の文でよく使う語句

- since 〜（〜以来、〜から）
  since 2000（2000年から）
- for 〜（〜の間）
  for ten years（10年間）

実力完成テスト

＊解答と解説…別冊 p.6
＊時　間………15分

得点
点／50点

1 正しい英文になるように、____に適する語を(　　)内から選んで入れなさい。〈2点×4〉

(1) Classrooms are ________ by students in Japan. (clean / cleaned / cleaning)

(2) ________ this computer used yesterday? (Is / Was / Has)

(3) We have ________ a lot in Canada. (learn / learned / learning)

(4) Paul has had a headache ________ last night. (for / since / yet)

2 次の英文の____に、(　　)内の語を適する形にして入れなさい。〈2点×5〉

(1) This story was ____________ by a junior high school student. (write)

(2) My grandmother has never ____________ abroad. (be)

(3) Tom has just ____________ home. (leave)

(4) This song is often ____________ by my brother. (sing)

(5) What can be ____________ from there? (see)

3 日本文に合うように、____に適する語を入れなさい。〈4点×3〉

(1) あなたたちは今までにこの本を読んだことはありますか。

________ you ________ read this book?

(2) 英語は世界中で話されています。

English ________ ________ all over the world.

(3) 彼女はどのくらいの期間ここに滞在していますか。

How ________ ________ she stayed here?

4 日本文に合うように、次の語を並べかえなさい。〈5点×2〉

(1) あなたは友達に何と呼ばれていますか。 What (called / you / friends / by / are / your)?

What --?

(2) 彼らはこの2か月でどのくらいの頻度でここに来ていますか。

(have / often / here / how / in / come / they) the last two months?

-- the last two months?

5 次の日本文を英語に直しなさい。〈5点×2〉

(1) 私は長い間ティム(Tim)を知っています。

----

(2) この写真はあなたのおばさんによって撮られたのですか。

英語

10日目 中1・2全範囲 総復習テスト

▶解答と解説……別冊 p.7
▶時　間…………30分

得点　　点／100点

1 次の(　　)内から最も適するものを１つ選び、記号を○でかこみなさい。　(神奈川県)〈３点×３〉

(1)　(ア When　イ Which　ウ Why　エ How) do you have for breakfast, rice or bread? (注)bread：パン

(2)　The new library near the station (ア looks　イ sees　ウ gives　エ takes) great.

(3)　She (ア drinks　イ is drinking　ウ drank　エ has drunk) cold water when she arrived at school.

2 次の(　　)内の語を正しい英文になるように並べかえて、記号で答えなさい。(栃木県)〈４点×３〉

(1)　*A*：Is Tom the tallest in this class?

B：No.　He (ア tall　イ not　ウ as　エ is) as Ken.　〔　→　→　→　〕

(2)　*A*：I hear so many (ア be　イ can　ウ seen　エ stars) from the top of the mountain.

B：Really?　Let's go to see them.　〔　→　→　→　〕

(3)　*A*：What sport do you like?

B：Judo!　Actually I (ア been　イ have　ウ practicing　エ since　オ judo) I was five years old.　〔　→　→　→　→　〕

3 次の英文は、高校２年生の生徒が、家庭科の授業で体験したことを英語の授業で発表したものです。［(1)］～［(3)］に入る英語を、あとの語群から選び、必要に応じて適切な形に変えたり、不足している語を補ったりして、英文を完成させなさい。ただし、２語以内で答えること。(兵庫県)〈６点×３〉

Now, I will tell you about my experience.　Last week, I went to a nursery school for the first time. In the morning, a boy came and asked me ［(1)］ songs together.　We enjoyed it very much.　After that, when I played with the children outside, a girl fell down and started to cry.　When I ［(2)］ down and talked to her slowly, she stopped crying and smiled.　I had a very good time at the nursery school.　I will never ［(3)］ this experience.

(注) fell down：転んだ

become	forget	rest	sing	sit

(1)〔　　　〕　(2)〔　　　〕　(3)〔　　　〕

4 次の会話を読んで、質問の答えとして最も適切なものを、ア～エから１つ選び、記号を○でかこみなさい。

(岐阜県)〈７点〉

Yuki：I hear you are going to visit Nara during the next holidays.　What are you going to do there?

Mike：I am going to visit Todai-ji Temple.　Do you know any other good places to visit?

Yuki：Sorry, I don't know.　How about asking Ken about good places?　He has visited Nara many times because he has a cousin there.

Mike：Good idea!

What is Yuki's advice?

ア　To tell Ken's cousin to make plans in Nara

イ　To get some information about Nara from Ken

ウ　To ask Ken's cousin to travel together in Nara

エ　To give Ken some information about Nara

5 次は、Satsuki が英語の授業で発表する際に用いた【グラフ】(graph)と【原稿】です。これらを読んで、次の(1)～(3)に答えなさい。

(山口県・改)〈8点×3〉

【グラフ】

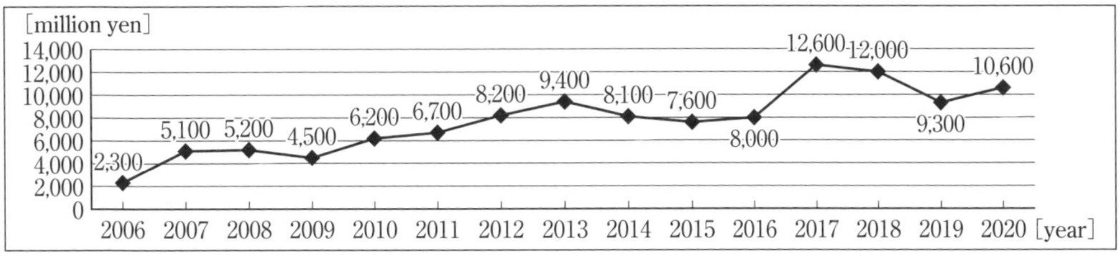

(財務省資料により作成)

【原稿】

Today, I'd like to tell you about bonsai. Do you know it's popular around the world now? The word "bonsai" is in English dictionaries. I was surprised to learn about that.

Look at the graph. You can see the export value of bonsai including garden trees from 2006 to 2020. In 2006, the export value was 2,300 million yen. Then, according to the graph, the export value [(1)]. What happened then? I think one reason is a big international bonsai event. It was held in Japan in 2017.

From the graph, we can see Japanese bonsai is becoming more popular in the world. However, now, foreign people don't just enjoy [(2)] bonsai. They also enjoy their new original bonsai. Some people make bonsai by using tropical trees! We can say that they are creating a new bonsai culture from the traditional one. In the future, not only traditional bonsai but also new original bonsai will be loved by more people all over the world.

(注) bonsai：盆栽 dictionaries：辞書 export value：輸出額 including ～：～を含めた
garden trees：庭木 international：国際的な tropical：熱帯の

(1) [(1)]に入る最も適切なものを、次の**ア**～**エ**から選び、記号を○でかこみなさい。

ア became 4,500 million yen in 2009
イ stopped increasing in 2016
ウ increased greatly especially from 2016 to 2017
エ became more than 12,000 million yen in 2017 again

(2) [(2)]に入る最も適切なものを、次の**ア**～**エ**から選び、記号を○でかこみなさい。

ア another original **イ** their unique **ウ** other new **エ** traditional Japanese

(3) 発表全体のテーマとして最も適切なものを、次の**ア**～**エ**から選び、記号を○でかこみなさい。

ア It is interesting that we can find the word "bonsai" in foreign dictionaries.
イ Bonsai is developed around the world and will become more popular.
ウ Keeping traditional Japanese culture is difficult but it's important.
エ Japan should sell traditional bonsai to the foreign countries more.

6 Wataru は、英語の授業で、お気に入りのものについて紹介するために、自分のバイオリンの写真を見せながらスピーチすることにし、下の原稿を準備しました。あなたが Wataru なら、(1)～(3)の内容をどのように英語で表しますか。それぞれ4語以上の英文を書き、下の原稿を完成させなさい。(三重県)〈10点×3〉

【原稿】 Hello, everyone. I'm going to tell you about my violin.
(1) 祖母が誕生日にくれたということ。
(2) 祖母が私にバイオリンの弾き方を教えてくれるということ。
(3) 昨日夕食を食べる前に、家族のために演奏したということ。 Thank you.

(1) ....

(2) ....

(3) ....

数学 1日目

正の数・負の数

基礎の確認

（解答▶別冊 p.8）

① 正の数・負の数

1 次の数を、正《せい》の符号《ふごう》、負《ふ》の符号を使って表しなさい。

(1) 0より5大きい数　　(2) 0より1.8小さい数

〔　　〕　〔　　〕

2 次の数の絶対値《ぜったいち》を答えなさい。

(1) -9 〔　　〕　(2) $+\frac{3}{4}$ 〔　　〕

3 次の各組の数の大小を、不等号《ふとうごう》を使って表しなさい。

(1) -5、-3　　(2) 0、-0.2

〔　　〕　〔　　〕

② 正の数・負の数の計算

▶次の計算をしなさい。

(1) $(-7)+(-11)$　　(2) $(+2)-(-8)$

〔　　〕　〔　　〕

(3) $-10+9-3$　　(4) $-1-(-6)+(-13)+5$

〔　　〕　〔　　〕

(5) $(-4)\times(-5)$　　(6) $63\div(-9)$

〔　　〕　〔　　〕

(7) $-6\div\frac{4}{9}\times8$　　(8) $(-2)^2\div24\times(-15)$

〔　　〕　〔　　〕

③ 四則の混じった計算

▶次の計算をしなさい。

(1) $5+3\times(-4)$　　(2) $-10\div2-(-3)$

〔　　〕　〔　　〕

(3) $(4-7)\times(-8)$　　(4) $18\div(-3^2)+(-11)$

〔　　〕　〔　　〕

④ 素因数分解

▶次の数を素因数分解《そいんすうぶんかい》しなさい。

(1) 54　　(2) 210

〔$54=$　　〕　〔$210=$　　〕

●正の数・負の数

・**正の数**…0より大きい数。**正の符号 ＋** をつけて表す。

・**負の数**…0より小さい数。**負の符号 －** をつけて表す。

・**絶対値**…数直線上で、ある数に対応する点と**原点《げんてん》との距離《きょり》**。

確認 正の数・負の数の大小

・**(負の数) < 0 < (正の数)**

・負の数どうしでは、絶対値が大きいほど小さい。

●正の数・負の数の加法《かほう》・減法《げんぽう》

①**同符号の 2 数の和《わ》**

⇨**絶対値の和に共通の符号**

②**異符号の 2 数の和**

⇨**絶対値の差《さ》に絶対値の大きいほうの符号**

③**正の数・負の数の減法**

⇨ひく数の符号を変えて、**加法に直して計算**する。

④**加法と減法の混じった式**

⇨まず、正の項《こう》の和、負の項の和をそれぞれ計算する。

●正の数・負の数の乗法《じょうほう》・除法《じょほう》

①同符号の 2 数の積《せき》・商《しょう》

⇨絶対値の積・商に **＋ の符号**

②異符号の 2 数の積・商

⇨絶対値の積・商に **－ の符号**

● 3 つ以上の数の積・商の符号

・負の数が**偶数個《ぐうすうこ》**→ ＋

・負の数が**奇数個《きすうこ》**→ －

ミス注意 指数《しすう》の位置に注意

例 $(-5)^2=(-5)\times(-5)$

$-5^2=-(5\times5)$

●四則の混じった計算

かっこの中・累乗《るいじょう》→乗除→加減の順に計算する。

●素因数分解

自然数《しぜんすう》を**素数《そすう》だけの積**で表す。

実力完成テスト

＊解答と解説…別冊 p.8
＊時　間………15分

得点　　点／50点

1 次の問いに答えなさい。　〈3点×2〉

(1) 次の数の大小を、不等号を使って表しなさい。

$-\frac{5}{4}$、-0.8、-2

(2) 絶対値が2.5以下の整数をすべて答えなさい。

2 次の計算をしなさい。　〈4点×8〉

(1) $4-(-6)$

(2) $-7+3-8+2$

(3) $\left(-\frac{8}{3}\right)\times(-12)$

(4) $10\div\left(-\frac{4}{5}\right)$

(5) $(-3)\div(-9)\times(-4)$

(6) $\frac{1}{6}\times(-15)\div\left(-\frac{9}{8}\right)$

(7) $(-5)\times(-3)^2$

(8) $(-4^2)\div20\div\frac{2}{5}$

3 次の計算をしなさい。　〈4点×2〉

(1) $(-8)\div4-5\times(-2)$

(2) $9-(-4-2)^2\div(-3)$

4 120をできるだけ小さい自然数でわって、ある自然数の2乗になるようにするには、どんな数でわればよいですか。　〈4点〉

数学 2日目 式と計算

基礎の確認

（解答▶別冊 p.8）

1 文字式の表し方

1 次の式を、×や÷の記号を使わないで表しなさい。

(1) $x\times(-4)\times y\times x$　〔　　〕

(2) $(a+b)\div 7$　〔　　〕

2 次の数量を、文字を使った式で表しなさい。

(1) 1個 a 円の品物を2個買って、1000円出したときのおつり　〔　　〕

(2) xm の道のりを分速 60m で歩いたときにかかった時間　〔　　〕

2 単項式の加減・乗除、乗除の混じった計算

▶次の計算をしなさい。

(1) $4a-7a$　〔　　〕

(2) $5x-8x+x$　〔　　〕

(3) $12a\div 4$　〔　　〕

(4) $-3x\times 6y$　〔　　〕

(5) $21ab\div 3a$　〔　　〕

(6) $-8x^2y\div xy^2\times(-2x)$　〔　　〕

3 多項式の加減、数と多項式の乗除

▶次の計算をしなさい。

(1) $(x+2y)+(x-y)$　〔　　〕

(2) $(2a-5b)-(3a-4b)$　〔　　〕

(3) $3(x+4y)$　〔　　〕

(4) $(10a-15b)\div(-5)$　〔　　〕

(5) $2(a+b)-(a+4b)$　〔　　〕

(6) $-5(2x+y)+3(x-3y)$　〔　　〕

4 式の値、等式の変形

1 $a=2$、$b=-1$ のとき、$4(a+b)-3a$ の値《あたい》を求めなさい。　〔　　〕

2 $\ell=2(a+b)$ を、a について解《と》きなさい。　〔　　〕

文字式の表し方

①文字の混じった乗法では、**×の記号ははぶき、数を文字の前に書く。**

②文字の混じった除法では、÷の記号を使わず、**分数の形で書く。**

③同じ文字の積は、**累乗《るいじょう》の指数**を使って表す。

数量の表し方

・$x$km の道のりを2時間で進んだときの速さ→$\frac{x}{2}$(km/h)

・a %…$\frac{a}{100}$　b 割…$\frac{b}{10}$

単項式《たんこうしき》の加減・乗除

・**単項式の加減**

文字の部分が同じ項(**同類項《どうるいこう》**)は、1つの項にまとめる。

・**単項式の乗法**

係数《けいすう》どうし、文字どうしをそれぞれかける。

・**単項式の除法**

①わる式を分母に、わられる式を分子にして約分する。

②わる式の逆数をかける形にする。

例 $6ab\div\frac{2}{3}a=6ab\times\frac{3}{2a}$

確認 かっこのはずし方

・+(　　) ⇨ そのままはずす。

・−(　　) ⇨ (　)の中の**各項の符号《ふごう》を変えて**はずす。

例 $5x-(2x-3)=5x-2x+3$

うしろの項の符号の変え忘れに注意

数×多項式の加減

分配法則《ぶんぱいほうそく》を使って、かっこをはずしてから同類項をまとめる。

$\boldsymbol{a(b+c)=ab+ac}$

式の値

式を**簡単にしてから数を代入《だいにゅう》**する。

くわしく ～について解く

例 $\ell=2(a+b)$ を $a=$～に変形することを、a **について解く**という。

実力完成テスト

＊解答と解説…別冊 p.8
＊時　間………15分

得点　　点／50点

1 次の数量を、文字を使った式で表しなさい。 〈3点×2〉

(1) 1個 x kg の品物2個と、1個 y kg の品物3個の重さの合計

〔　　　　〕

(2) 定価 a 円の品物を、定価の3割引きで買ったときの代金

〔　　　　〕

2 次の計算をしなさい。 〈4点×4〉

(1) $6a-7-3a+2$

〔　　　　〕

(2) $1.5x-y-0.5x+1.2y$

〔　　　　〕

(3) $(-x)^3\times 3y$

〔　　　　〕

(4) $6a^2\times 10b\div\frac{2}{5}a$

〔　　　　〕

3 次の計算をしなさい。 〈4点×6〉

(1) $(3x+4y)-(5x-2y)$

〔　　　　〕

(2) $-2(2a+3)$

〔　　　　〕

(3) $(30m-18n)\div 6$

〔　　　　〕

(4) $3(x-5y)+4(2x+y)$

〔　　　　〕

(5) $5(2x-y)-2(3x+4y)$

〔　　　　〕

(6) $\frac{2a-b}{3}+\frac{a+4b}{2}$

〔　　　　〕

4 $x=-2$、$y=\frac{1}{3}$ のとき、$-30x^2y\div 5x$ の値を求めなさい。 〈4点〉

〔　　　　〕

数学

3日目 方程式

基礎の確認

（解答▶別冊 p.9）

① 方程式とその解

▶次の方程式《ほうていしき》のうち、解《かい》が $x=4$ であるものはどれですか。

ア　$4x+3=11$　　イ　$12+x=2x$　　ウ　$3x+1=2x+5$

〔　　　　〕

② 1次方程式の解き方

▶次の方程式を解きなさい。

(1)　$x+4=9$　〔　　　　〕

(2)　$x-6=3x$　〔　　　　〕

(3)　$4x-7=x+8$　〔　　　　〕

(4)　$9+2x=3-4x$　〔　　　　〕

③ いろいろな1次方程式の解き方

▶次の計算をしなさい。

(1)　$2(x-1)=x$　〔　　　　〕

(2)　$5(x+3)=3(x+3)$　〔　　　　〕

(3)　$\frac{1}{3}x-1=-\frac{1}{5}x$　〔　　　　〕

(4)　$0.5x+3.5=1.2x$　〔　　　　〕

④ 1次方程式の利用、比例式

1 連続した3つの整数の和が87のとき、真ん中の数を x として方程式をつくり、この連続した3つの整数を求めなさい。

方程式〔　　　　　　　　〕〔　　　　〕

2 次の比例式《ひれいしき》で、x の値を求めなさい。

(1)　$x:15=7:3$　〔　　　　〕

(2)　$4:9=12:x$　〔　　　　〕

方程式とその解

- **方程式**…式の中の文字に特別な値を代入すると成り立つ等式。
- **解**…方程式を成り立たせる文字の値。
- **移項《いこう》**…等式の一方の辺にある項を、その項の符号《ふごう》を変えて他方の辺に移すこと。

等式の性質

$A=B$ ならば、

① $A+C=B+C$　② $A-C=B-C$

③ $A\times C=B\times C$　④ $A\div C=B\div C$

$(C\neq 0)$

1次方程式の解き方

①文字の項を左辺に、数の項を右辺に移項する。

② $ax=b$ の形に整理する。

③両辺を x の係数 a でわる。

ミス注意 移項するとき、符号を変えるのを忘れないこと！

かっこのある方程式

分配法則を利用して、まず、かっこをはずす。

ミス注意 かっこの中のうしろの項にかけるのを忘れやすい。

例 $-2(x+1)=-2x\underset{-2}{\cancel{+1}}$

係数に分数をふくむ方程式

両辺に分母の最小公倍数をかけて、分母をはらう。

係数に小数をふくむ方程式

両辺に10、100、…をかけて、係数を整数にする。

確認 **比例式の性質**

$a:b=c:d$ ならば、$ad=bc$

実力完成テスト

＊解答と解説…別冊 p.9
＊時　間………15分

得点　　点／50点

1　-1、0、1、2 のうち、方程式 $-2x+3=1$ の解はどれですか。　〈3点〉

〔　　　　　〕

2　次の方程式を解きなさい。　〈4点×8〉

(1)　$-6x-7=5$

〔　　　　　〕

(2)　$3x=5x+14$

〔　　　　　〕

(3)　$4(2x-3)=3(7-x)$

〔　　　　　〕

(4)　$-2(x-1)=5(x+2)-1$

〔　　　　　〕

(5)　$\frac{1}{4}x-1=\frac{1}{3}x-\frac{1}{2}$

〔　　　　　〕

(6)　$\frac{x-1}{3}=\frac{x+2}{5}$

〔　　　　　〕

(7)　$0.7x-1.8=1.1x+0.6$

〔　　　　　〕

(8)　$0.75x-2.7=-x+0.8$

〔　　　　　〕

3　次の比例式で、x の値を求めなさい。　〈5点×2〉

(1)　$4:3=x:18$

〔　　　　　〕

(2)　$(x-3):9=1:3$

〔　　　　　〕

4　妹は家を出発して駅に向かいました。その 12 分後に兄は家を出発して自転車で妹を追いかけました。妹は分速 50m、兄は分速 200m で進むとすると、兄は家を出発してから何分後に妹に追いつきますか。　〈5点〉

〔　　　　　〕

連立方程式

基礎の確認

（解答▶別冊 p.9）

① 連立方程式とその解

▶次の x、y の値の組のうち、連立方程式《れんりつほうていしき》 $\begin{cases} x+y=5 \\ 2x+y=6 \end{cases}$ の解《かい》であるものはどれですか。

ア　$x=-1$、$y=6$　　イ　$x=2$、$y=2$　　ウ　$x=1$、$y=4$

〔　　　　　　〕

② 連立方程式の解き方

▶次の〔　　〕にあてはまる数や式を書きなさい。

(1)　連立方程式 $\begin{cases} 4x+3y=1 & \cdots① \\ x+2y=4 & \cdots② \end{cases}$ を加減法《かげんほう》で解く。

①−②×4 より、

$$\begin{array}{rr} 4x & +3y=1 \\ -)\ 〔ア\qquad〕 & +8y=16 \\ \hline \end{array}$$

〔イ　　〕$=-15$、$y=$〔ウ　　〕…③

③を②に代入して、$x+2\times$〔エ　　〕$=4$ より、$x=$〔オ　　〕

答　$x=$〔カ　　〕、$y=$〔キ　　〕

(2)　連立方程式 $\begin{cases} y=2x-2 & \cdots① \\ x+2y=11 & \cdots② \end{cases}$ を代入法《だいにゅうほう》で解く。

①を②に代入して、$x+2($〔ア　　　〕$)=11$、

$x+4x-$〔イ　　〕$=11$、$5x=$〔ウ　　〕、$x=$〔エ　　〕…③

③を①に代入して、$y=2\times$〔オ　　〕$-2=$〔カ　　〕

答　$x=$〔キ　　〕、$y=$〔ク　　〕

③ いろいろな連立方程式の解き方

▶次の連立方程式を、〔　　〕にあてはまる数や式を書いて解きなさい。

(1)　$\begin{cases} 3(x+1)-2y=1 & \cdots① \\ 2x+y=8 & \cdots② \end{cases}$

①を整理すると、

〔ア　　　　〕$=-2$ …③

③と②を連立させて解くと、

答　$x=$〔イ　　〕、$y=$〔ウ　　〕

(2)　$\begin{cases} \dfrac{x}{3}-\dfrac{y}{2}=-1 & \cdots① \\ 2x+y=10 & \cdots② \end{cases}$

①の両辺に分母の最小公倍数をかけて分母をはらうと、

〔ア　　　　〕$=-6$ …③

③と②を連立させて解くと、

答　$x=$〔イ　　〕、$y=$〔ウ　　〕

●連立方程式とその解

・**2元《げん》1次方程式**…$x+y=5$ のような、2つの文字をふくむ1次方程式。

・**連立方程式**…2つ以上の方程式を組にしたもの。

・**連立方程式の解**…連立方程式のどの方程式も成り立たせるような文字の値の組。

●連立方程式の解き方

・**加減法**…2式の左辺どうし、右辺どうしを加えるかひくかして、1つの文字を消去する方法。

確認　文字の係数がそろっていない場合は、両辺を何倍かして、**1つの文字の係数の絶対値を最小公倍数**にそろえる。

例　$\begin{cases} 2x+5y=-3 & \cdots① \\ 3x+2y=1 & \cdots② \end{cases}$

↓ **①×3、②×2として、x の係数を6にそろえる。**

$$\begin{array}{rr} & 6x+15y=-9 \\ -) & 6x+\ \ 4y=\ \ 2 \\ \hline & 11y=-11 \end{array}$$

↑ **x を消去**

・**代入法**…2式のうちの一方の式を他方の式に**代入して、1つの文字を消去する方法。**

●いろいろな連立方程式の解き方

・かっこがあるとき
分配法則を利用して、**かっこをはずす。**

・係数に分数をふくむとき
両辺に分母の最小公倍数をかけて、**分母をはらう。**

・係数に小数をふくむとき
両辺に10、100、…をかけて、**係数を整数にする。**

実力完成テスト

＊解答と解説…別冊 p.10
＊時　間………15分

得点　　点／50点

1 次の連立方程式を解きなさい。 〈5点×4〉

(1) $\begin{cases} x-4y=13 \\ 3x+4y=7 \end{cases}$

〔　　　　　〕

(2) $\begin{cases} 5x-2y=2 \\ 2x-3y=-8 \end{cases}$

〔　　　　　〕

(3) $\begin{cases} 5x-2y=18 \\ x=y+6 \end{cases}$

〔　　　　　〕

(4) $\begin{cases} 8x-3y=6 \\ 5x-9=y \end{cases}$

〔　　　　　〕

2 次の連立方程式を解きなさい。 〈5点×4〉

(1) $\begin{cases} 5x-4(y-3)=-7 \\ 3x+8y=-1 \end{cases}$

〔　　　　　〕

(2) $\begin{cases} 3x-14=-2(y-4) \\ 5(x+2)-7y=-5 \end{cases}$

〔　　　　　〕

(3) $\begin{cases} \dfrac{x}{2}+\dfrac{y+6}{5}=2 \\ x-y=3 \end{cases}$

〔　　　　　〕

(4) $\begin{cases} 0.4x+0.3y=2.6 \\ 0.7x-0.4y=-1 \end{cases}$

〔　　　　　〕

3 次の問いに答えなさい。 〈5点×2〉

(1) 連立方程式 $\begin{cases} ax+by=0 \\ bx+ay=3 \end{cases}$ の解が $x=1$、$y=2$ のとき、a、b の値を求めなさい。

〔　　　　　〕

(2) ある中学校のテニス部の部員は、去年は全体で45人でした。今年は、男子が10％増え、女子が20％減ったので、全体で3人減りました。今年のテニス部の男子と女子の人数をそれぞれ求めなさい。

〔男子…　　　　　、女子…　　　　　〕

数学 5日目

比例・反比例

基礎の確認

（解答▶別冊 p.10）

① 関数

▶次のア〜ウのうち、y が x の関数《かんすう》であるものをすべて選びなさい。

ア　1辺が $x$cm の正方形の面積は $y\text{cm}^2$ である。

イ　身長が $x$cm の人の足のサイズは $y$cm である。

ウ　10km の道のりを時速 $x$km で進むと、y 時間かかる。

〔　　　　　　〕

② 比例・反比例の式の求め方

▶次の場合について、y を x の式で表しなさい。

(1)　y は x に比例《ひれい》し、$x=-4$ のとき $y=8$ である。

〔　　　　　　〕

(2)　y は x に反比例《はんぴれい》し、$x=3$ のとき $y=5$ である。

〔　　　　　　〕

③ 座標

▶次の問いに答えなさい。

(1)　右の図の点 A、B の座標《ざひょう》を答えなさい。

A〔　　　　〕 B〔　　　　〕

(2)　次の点を、右の図にかき入れなさい。

点 C(2、−4)　　点 D(−3、0)

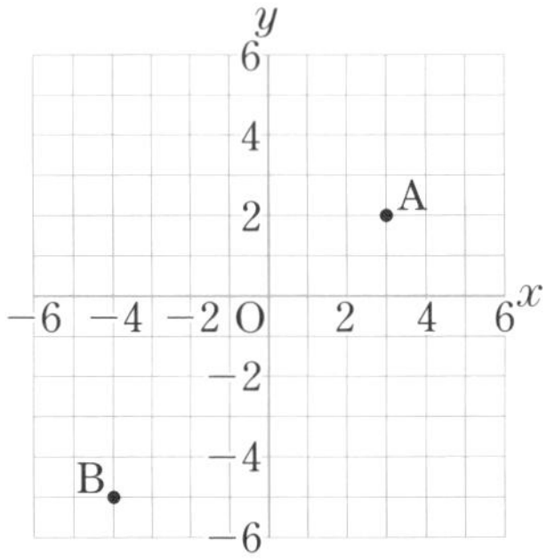

④ 比例・反比例のグラフ

▶右の図の直線**ア**は比例のグラフ、曲線**イ**は反比例のグラフです。それぞれのグラフの式を求めなさい。

ア〔　　　　　　〕

イ〔　　　　　　〕

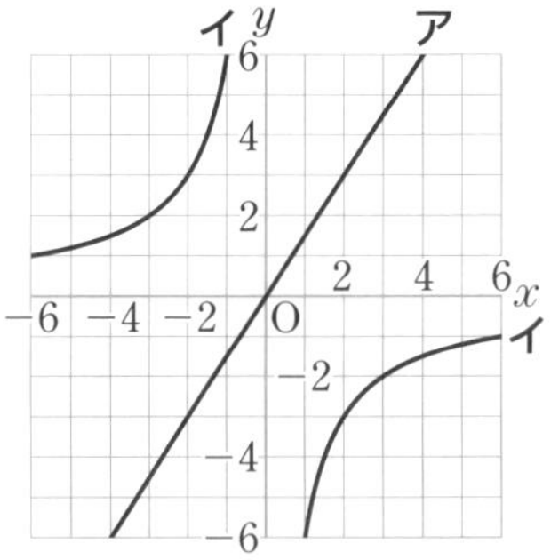

確認　関数

ともなって変わる2つの変数 x、y があり、**x の値を決めると、それに対応して y の値がただ1つに決まるとき、y は x の関数である**という。

変数のとる値の範囲を**変域《へんいき》**という。

●**比例**　y が x の関数で

$\boldsymbol{y=ax}$（a は比例定数）

と表せるとき、**y は x に比例する**。

●**反比例**　y が x の関数で

$\boldsymbol{y=\frac{a}{x}}$（$a$ は比例定数）

と表せるとき、**y は x に反比例する**。

●**比例の式の求め方**

①式を $\boldsymbol{y=ax}$ とおく。

②対応する x、y の値を代入する。

③比例定数 $\boldsymbol{a}$ の値を求める。

●**反比例の式の求め方**

①式を $\boldsymbol{y=\frac{a}{x}}$ とおく。

②対応する x、y の値を代入する。

③比例定数 $\boldsymbol{a}$ の値を求める。

●**座標**

例 点 C の座標(2、−4)

x 座標 ┘　└ y 座標

●**比例のグラフ**

⇨原点を通る**直線**

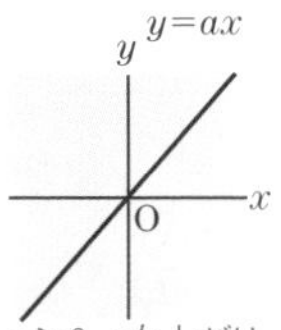

$a>0$→右上がり

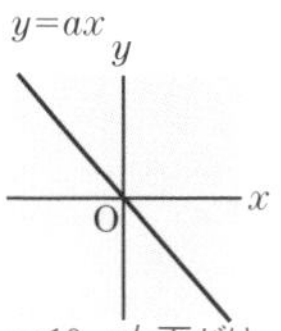

$a<0$→右下がり

●**反比例のグラフ**⇨**双曲線《そうきょくせん》**

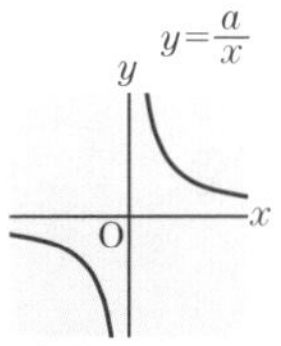

$a>0$
→右上と左下

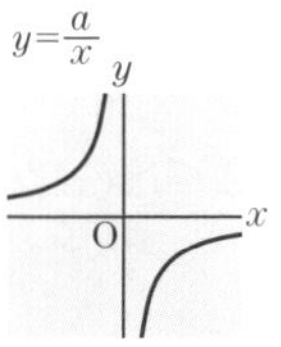

$a<0$
→左上と右下

実力完成テスト

＊解答と解説…別冊 p.10
＊時　間………15分

得点　　点／50点

1 次の問いに答えなさい。〈5点×2〉

(1) y は x に比例し、$x=2$ のとき $y=6$ です。$x=-3$ のときの y の値を求めなさい。

〔　　　　　　〕

(2) y は x に反比例し、$x=4$ のとき $y=-6$ です。$y=8$ のときの x の値を求めなさい。

〔　　　　　　〕

2 次の比例や反比例のグラフをかきなさい。〈5点×4〉

(1) $y=-2x$

(2) $y=\frac{1}{2}x$

(3) $y=\frac{4}{x}$

(4) $y=-\frac{12}{x}$

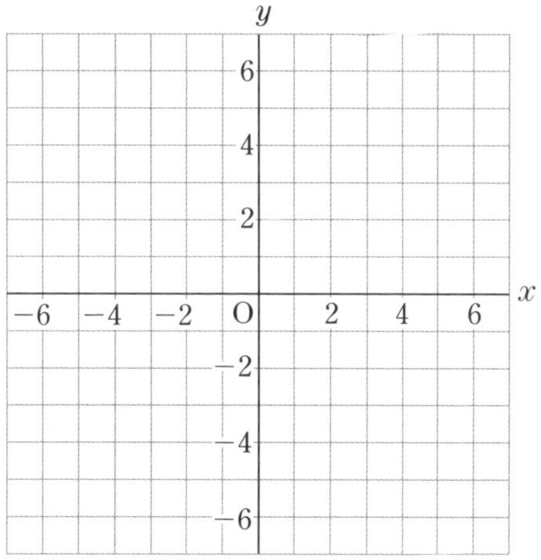

3 右の図のような、縦 4cm、横 6cm の長方形 ABCD で、点 P は辺 AB 上を A から B まで動きます。AP を $x$cm、三角形 ADP の面積を $y\text{cm}^2$ とするとき、次の問いに答えなさい。〈5点×2〉

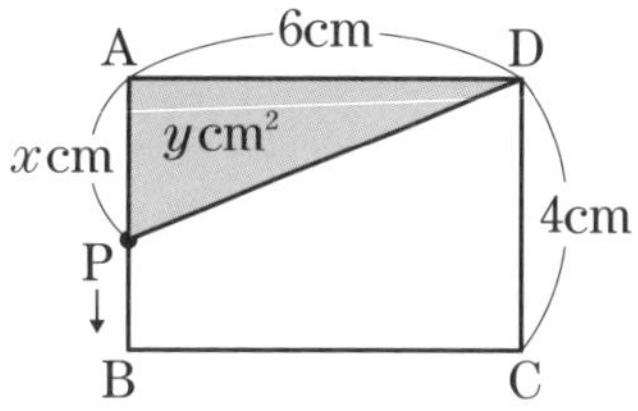

(1) y を x の式で表しなさい。

〔　　　　　　〕

(2) x の変域を求めなさい。

〔　　　　　　〕

4 右の図で、**ア**は $y=ax$、**イ**は $y=\frac{18}{x}$ のグラフです。点 A は 2 つのグラフの交点です。点 A の y 座標が 6 のとき、次の問いに答えなさい。〈5点×2〉

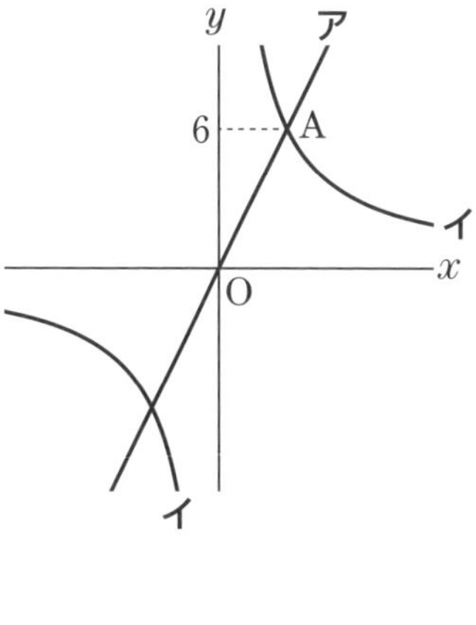

(1) 点 A の x 座標を求めなさい。

〔　　　　　　〕

(2) a の値を求めなさい。

〔　　　　　　〕

数学 6日目 1次関数

基礎の確認

（解答▶別冊 p.11）

❶ 1次関数の式

▶次のア～エの式で表される関数のうち、y が x の1次《じ》関数《かんすう》であるものをすべて選びなさい。

ア　$y=2x-5$　　イ　$y=-x$

ウ　$y=\dfrac{4}{x}$　　エ　$x-y=3$　　〔　　　　　〕

❷ 1次関数の変化の割合とグラフ

▶関数 $y=-2x+1$ について、次の問いに答えなさい。

(1)　x が2から4まで増加するときの y の増加量を求めなさい。

〔　　　　　〕

(2)　変化の割合を求めなさい。

〔　　　　　〕

(3)　グラフの傾《かたむ》きと切片《せっぺん》を答えなさい。

傾き〔　　　　　〕

切片〔　　　　　〕

(4)　右の図に、この関数のグラフをかきなさい。

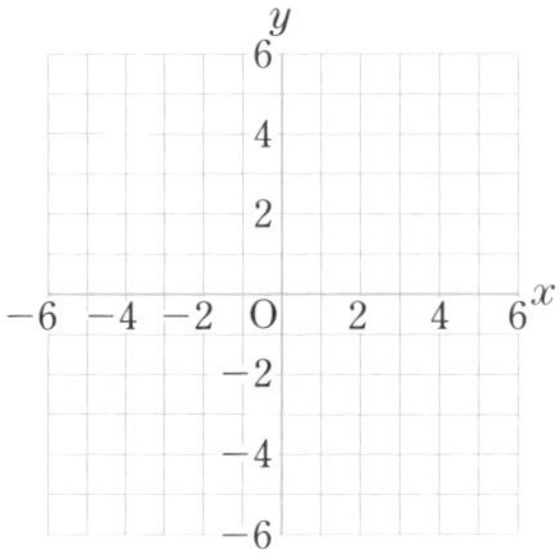

❸ 1次関数の式の求め方

▶次の1次関数の式を求めなさい。

(1)　変化の割合が4で、$x=0$ のとき $y=-3$ である。

〔　　　　　〕

(2)　グラフが2点(3、1)、(−6、4)を通る。

〔　　　　　〕

❹ 方程式とグラフ

▶連立方程式 $\begin{cases} x-y=-2 & \cdots① \\ 2x+y=5 & \cdots② \end{cases}$ の解を、グラフをかいて求めなさい。

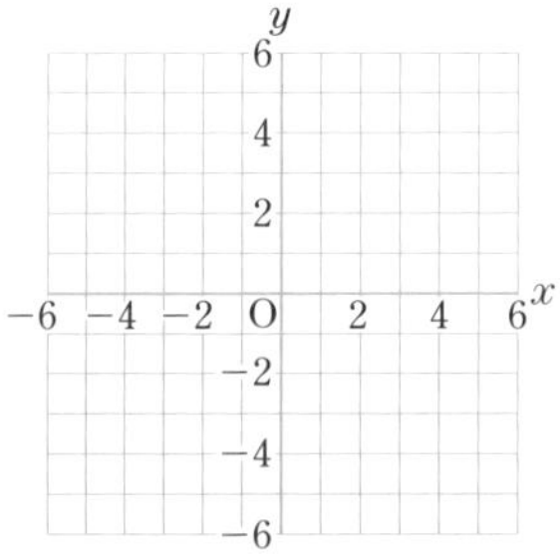

〔　　　　　〕

● 1次関数の式

・1次関数…y が x の1次式で表される関数。

・**1次関数の式…$y=ax+b$**

（a、b は定数）

確認 比例 $y=ax$ は、1次関数 $y=ax+b$ で $b=0$ の場合である。

●変化の割合

x の増加量に対する y の増加量の割合。

変化の割合 $=\dfrac{y\text{ の増加量}}{x\text{ の増加量}}$

1次関数 $y=ax+b$ の変化の割合は**一定**で、**x の係数 a に等しい。**

● 1次関数 $y=ax+b$ のグラフ

⇨傾き a、切片 b の直線

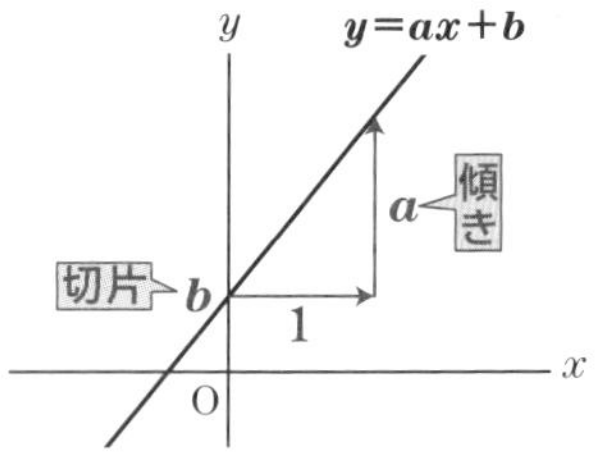

● 1次関数の式の求め方

・傾き(変化の割合)と、通る1点の座標から求める

①式を $y=ax+b$ とおく。

②a に傾き(変化の割合)を代入する。

③1点の座標を代入して、b の値を求める。

・通る2点の座標から求める

①式を $y=ax+b$ とおく。

②2点の座標を代入する。

③a、b についての連立方程式を解き、a、b の値を求める。

● 2元1次方程式 $ax+by=c$ のグラフ⇨直線

●連立方程式の解とグラフ

2直線の式を連立方程式としたときの解は、2直線の交点の座標と等しくなる。

実力完成テスト

＊解答と解説…別冊 p.11
＊時　間………15分

得点　点／50点

1 関数 $y=\frac{2}{3}x-3$ について、次の問いに答えなさい。〈4点×3〉

(1) $x=-6$ ときの y の値を求めなさい。

〔　　　　　　〕

(2) x の増加量が 12 のときの y の増加量を求めなさい。

〔　　　　　　〕

(3) グラフの傾きと切片を答えなさい。

〔傾き…　　　　　　、切片…　　　　　　〕

2 次の方程式のグラフをかきなさい。〈4点×4〉

(1) $-3x+y+4=0$

(2) $y+3=0$

(3) $2x-10=0$

(4) $2x+3y-9=0$

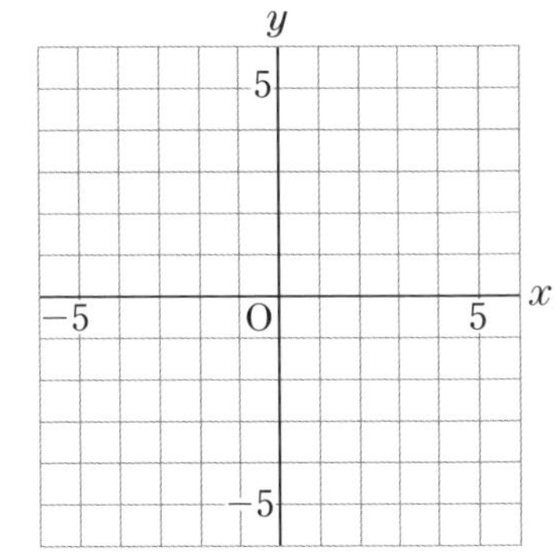

3 次の1次関数の式を求めなさい。〈4点×3〉

(1) グラフが傾き -4 で、点(3、7)を通る。

〔　　　　　　〕

(2) $x=2$ のとき $y=1$、$x=-3$ のとき $y=0$ である。

〔　　　　　　〕

(3) グラフが、直線 $y=3x-2$ と y 軸《じく》上で交わり、点(−3、−6)を通る。

〔　　　　　　〕

4 姉が午前9時に家を出発し、自転車で駅まで行き、駅からは歩いておばさんの家に行きました。右の図は、姉が家を出発してからの時間と道のりの関係を表したグラフです。次の問いに答えなさい。〈5点×2〉

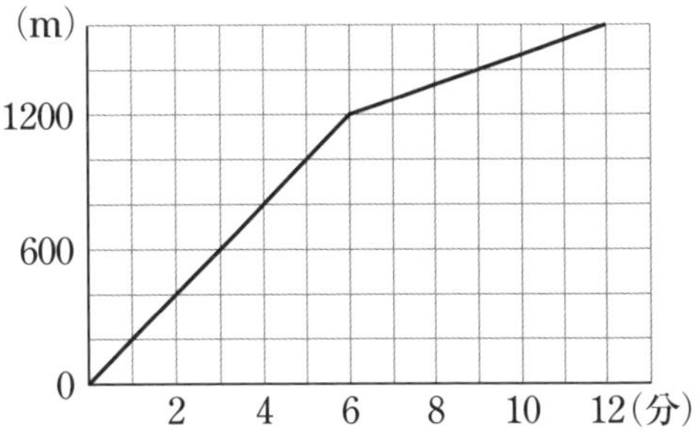

(1) 家から駅まで行ったときの、自転車の分速を求めなさい。

〔　　　　　　〕

(2) 午前9時4分に、弟が自転車で家を出発し、分速 280m で姉を追いかけました。弟が姉に追いついた時刻と、家から何m 離《はな》れた地点かをグラフをかいて求めなさい。

〔時刻…　　　　　　、地点…　　　　　　〕

数学 7日目

平面図形・空間図形

基礎の確認

（解答▶別冊 p.12）

①基本の作図

▶右の △ABC で、次の作図をしなさい。

(1) 辺 AC の垂直二等分線《すいちょくにとうぶんせん》

(2) 辺 BC を底辺とするときの高さ AH

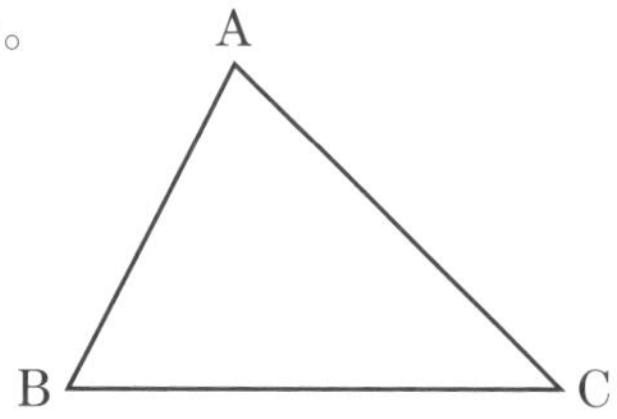

②円とおうぎ形

▶右のおうぎ形について、弧《こ》の長さと面積を求めなさい。ただし、円周率は π とします。

弧の長さ〔　　　　　　　〕

面積〔　　　　　　　〕

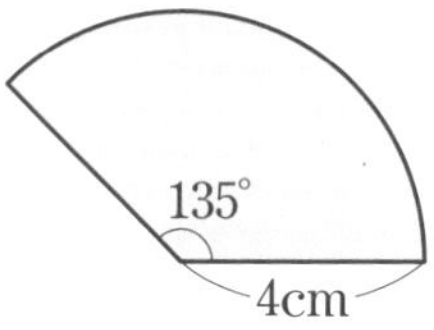

③直線や平面の位置関係

▶右の直方体について、次の位置関係にある辺をすべて答えなさい。

(1) 面 AEHD に垂直な辺

〔　　　　　　　　　　　　　〕

(2) 辺 AB とねじれの位置にある辺

〔　　　　　　　　　　　　　〕

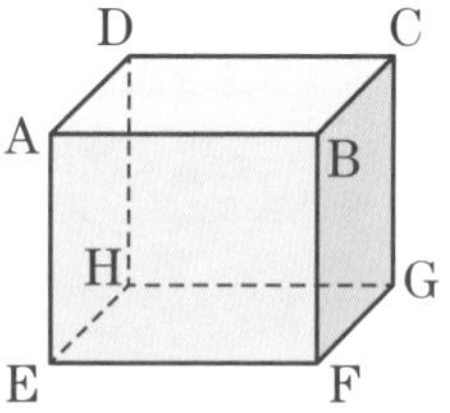

④いろいろな立体、表面積と体積

1 次の立体の名前を答えなさい。

(1) 半円を、直線 ℓ を軸《じく》として1回転させてできる立体

〔　　　　〕

(2) 下の展開図を組み立ててできる立体

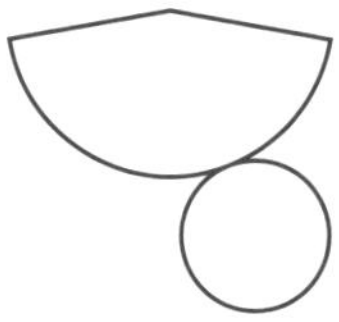

〔　　　　〕

2 右の正四角錐《せいしかくすい》の表面積と体積を求めなさい。

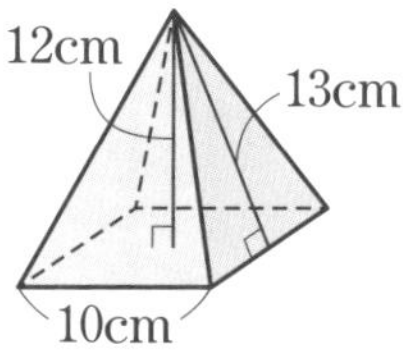

表面積〔　　　　　　　〕

体積〔　　　　　　　〕

●線分の垂直二等分線

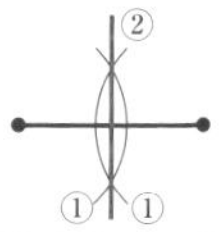

●角の二等分線《にとうぶんせん》　●垂線《すいせん》

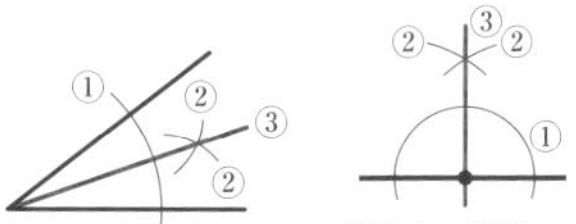

垂線は、180°の角の二等分線

●半径 r、中心角 a° のおうぎ形

・弧の長さ ℓ　$\ell=2\pi r\times\dfrac{a}{360}$

・面積 S　$S=\pi r^2\times\dfrac{a}{360}$

　または、$S=\dfrac{1}{2}\ell r$

●2直線の位置関係

・**交わる**　・**平行**

・**ねじれの位置にある**

　⇨平行でなく、交わらない2直線。

●いろいろな立体

・**回転体《かいてんたい》**…平面図形を、その平面上の直線を軸として1回転させてできる立体。

・**投影図《とうえいず》**…**立面図《りつめんず》**と**平面図《へいめんず》**を組み合わせて表した図。

例 左の1(2)の立体の投影図

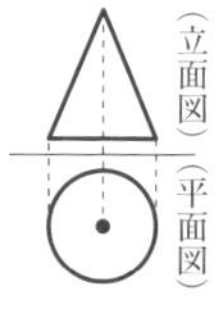

確認 立体の体積

底面積を S、高さを h とすると、

・**角柱・円柱の体積 V**　$V=Sh$

・**角錐・円錐の体積 V**　$V=\dfrac{1}{3}Sh$

確認 球の表面積と体積

球の半径を r とすると、

・**表面積 S**　$S=4\pi r^2$

・**体積 V**　$V=\dfrac{4}{3}\pi r^3$

実力完成テスト

＊解答と解説…別冊 p.12
＊時　間………15分

得点　　点／50点

1 右の線分 AB を使って、
∠ABC＝90°、∠CAB＝30°の
直角三角形 ABC を作図しなさい。〈5点〉

2 次の問いに答えなさい。ただし、円周率は π とします。〈3点×3〉

(1)　半径 3cm、中心角が 60°のおうぎ形の弧の長さと面積を求めなさい。

弧の長さ〔　　　　〕
面積〔　　　　〕

(2)　半径 5cm、弧の長さが 3πcm のおうぎ形の面積を求めなさい。

〔　　　　〕

3 右の三角柱について、次の位置関係にある辺や面をすべて答えなさい。〈4点×3〉

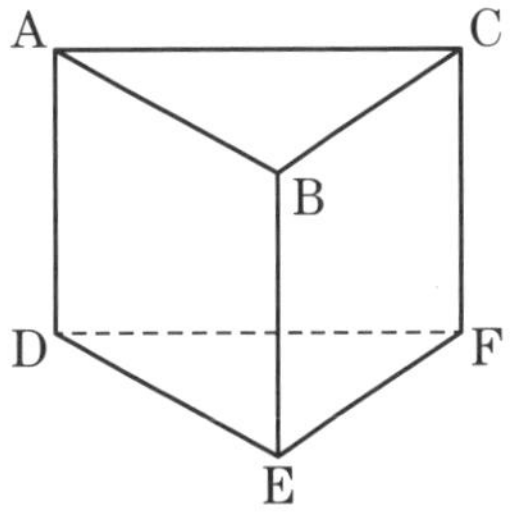

(1)　面 ABC に平行な面

〔　　　　〕

(2)　辺 AD に平行な面

〔　　　　〕

(3)　辺 AB とねじれの位置にある辺

〔　　　　〕

4 次の立体の表面積と体積を求めなさい。ただし、円周率は π とします。〈4点×6〉

(1)　円錐

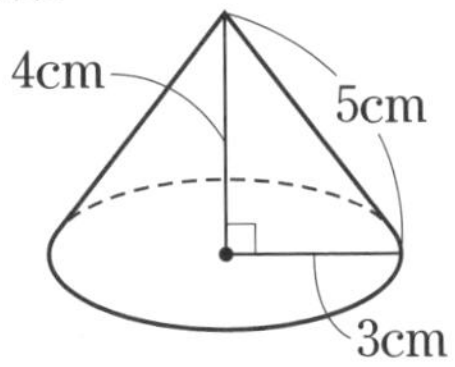

表面積〔　　　　〕
体積〔　　　　〕

(2)　球

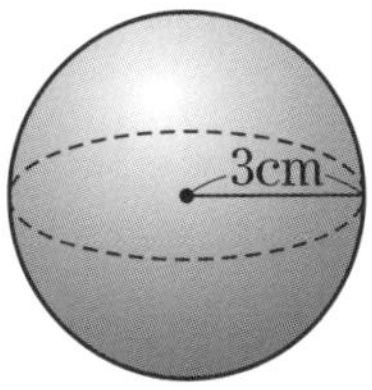

表面積〔　　　　〕
体積〔　　　　〕

(3)　右の長方形を、直線 ℓ を軸として 1 回転させてできる立体

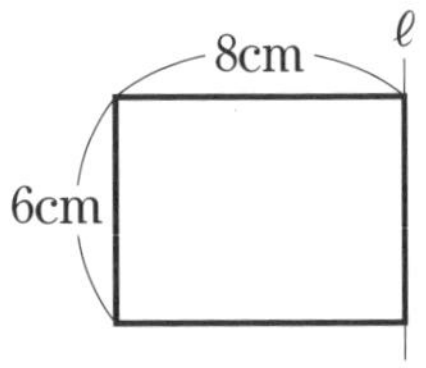

表面積〔　　　　〕　体積〔　　　　〕

数学 8日目

平行と合同・三角形と四角形

基 礎 の 確 認

（解答▶別冊 p.12）

① 平行線と角、三角形・多角形の角

▶次の図で、$\angle x$ の大きさを求めなさい。

(1) $\ell /\!/ m$

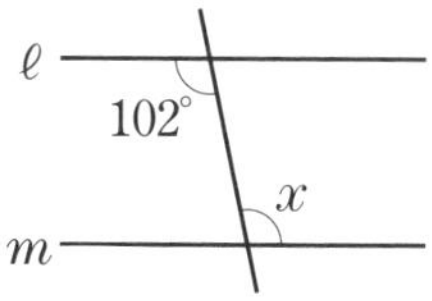

$\angle x=$〔　　　　〕

(2)

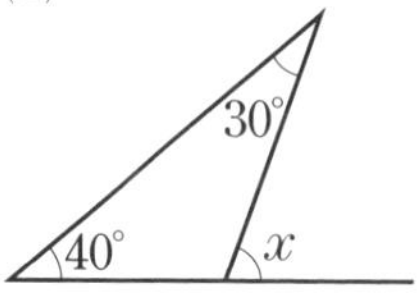

$\angle x=$〔　　　　〕

(3)

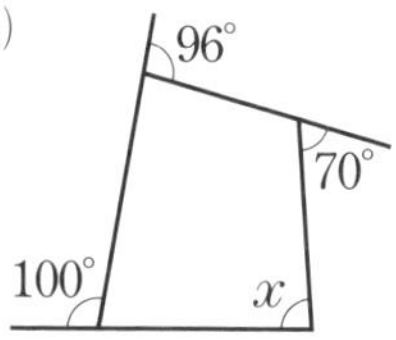

$\angle x=$〔　　　　〕

② 三角形の合同条件

▶次の三角形のうち、合同《ごうどう》な三角形を記号「≡」を使って表しなさい。また、そのときの合同条件を書きなさい。

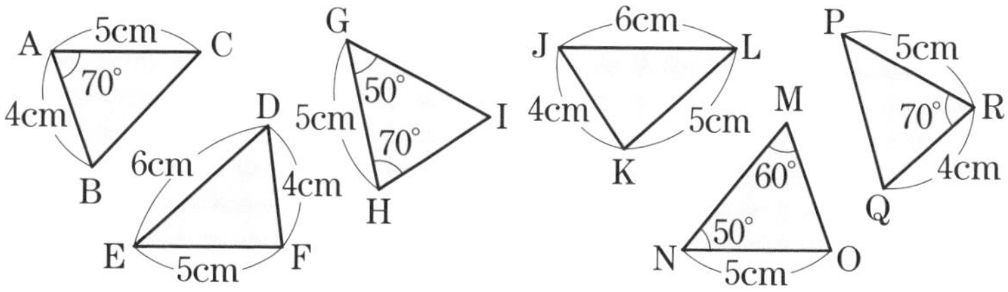

〔＿＿＿＿＿＿　合同条件…＿＿＿＿＿＿＿＿
＿＿＿＿＿＿　合同条件…＿＿＿＿＿＿＿＿
＿＿＿＿＿＿　合同条件…＿＿＿＿＿＿＿＿〕

③ 平行四辺形

▶右の図で、AB＝DC、BC＝AD のとき、四角形 ABCD は平行四辺形であることを平行四辺形の定義《ていぎ》を使って証明《しょうめい》しました。

〔　　〕をうめて、証明を完成させなさい。

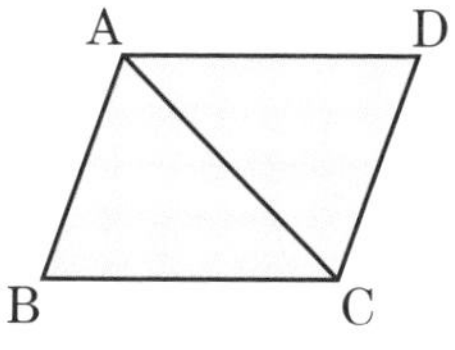

（証明）△ABC と △CDA で、仮定から、AB＝CD…①、BC＝DA…②

共通な辺だから、〔ア　　　　　　　　〕…③

①、②、③より、〔イ　　　　　　　　　　〕ので、

△ABC〔ウ　　　〕△CDA

よって、∠BAC＝∠DCA、∠ACB＝∠CAD となり、

〔エ　　　〕が等しいので、AB∥DC、AD∥BC

したがって、〔オ　　　　　　　　　　〕なので、

四角形 ABCD は平行四辺形である。

●平行線と角

$\ell /\!/ m$ ならば、$\angle a=\angle c$、$\angle b=\angle d$

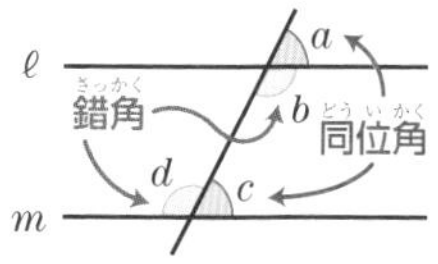

確認　三角形・多角形の角

- 三角形の内角の和⇨ 180°
- 三角形の外角⇨それととなり合わない 2 つの内角の和に等しい。

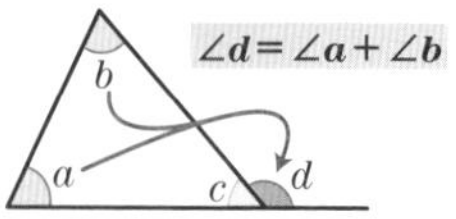

- n 角形の内角の和
  ⇨ 180°×$(n-2)$
- 多角形の外角の和⇨ 360°

●三角形の合同条件

① 3 組の辺がそれぞれ等しい。
② 2 組の辺とその間の角がそれぞれ等しい。
③ 1 組の辺とその両端《りょうたん》の角がそれぞれ等しい。

●直角三角形の合同条件

①斜辺《しゃへん》と 1 つの鋭角《えいかく》がそれぞれ等しい。

②斜辺と他の 1 辺がそれぞれ等しい。

●平行四辺形になるための条件

① 2 組の対辺がそれぞれ平行である。（定義）
② 2 組の対辺がそれぞれ等しい。
③ 2 組の対角がそれぞれ等しい。
④対角線がそれぞれの中点で交わる。
⑤ 1 組の対辺が平行で、その長さが等しい。

くわしく　平行線と面積

PQ∥AB ならば、
△PAB＝△QAB

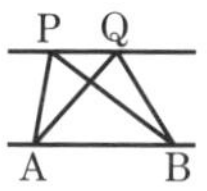

実力完成テスト

＊解答と解説…別冊 p.12
＊時　間………15分

得点
点／50点

1 次の図で、$\angle x$ の大きさを求めなさい。　〈7点×3〉

(1)　$\ell /\!/ m$

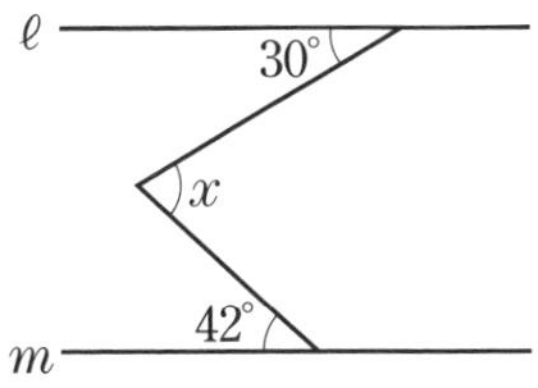

(2)

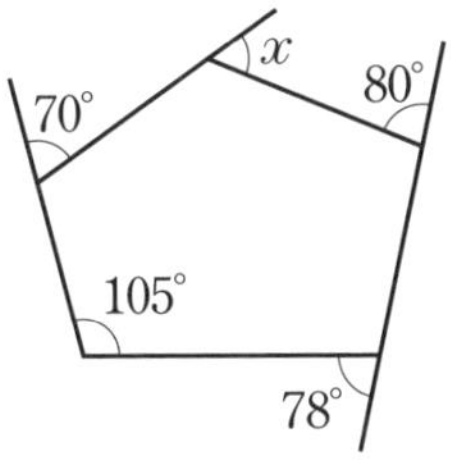

(3)　AB＝BC、DB＝AD＝AC

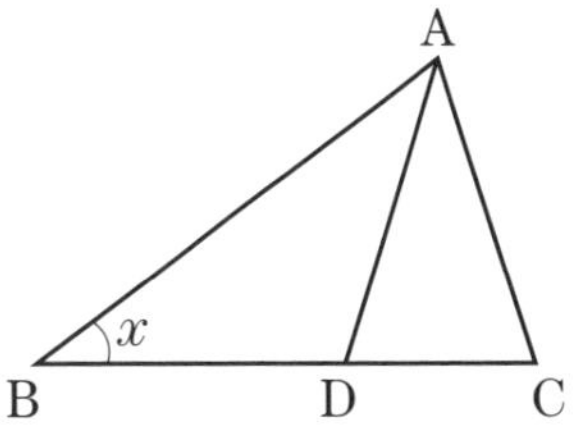

$\angle x$＝〔　　　　　〕　$\angle x$＝〔　　　　　〕　$\angle x$＝〔　　　　　〕

2 右の図で、AB＝CB、∠ADF＝∠CEF です。このとき、BE＝BD となることを証明するには、どの三角形とどの三角形の合同を示せばよいですか。また、そのときの合同条件を答えなさい。　〈7点〉

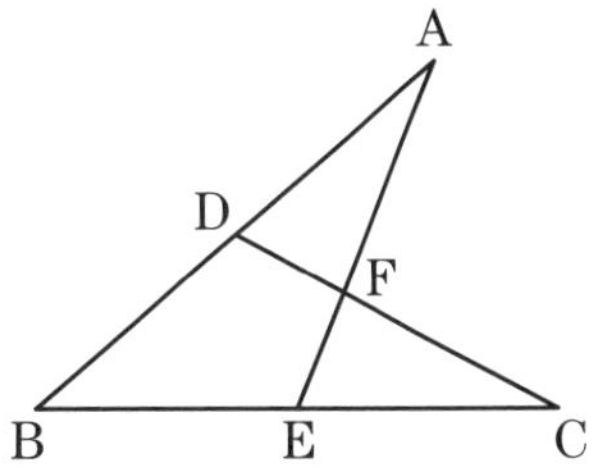

合同な三角形…＿＿＿＿＿＿＿＿＿＿
合同条件…＿＿＿＿＿＿＿＿＿＿

3 右の図の平行四辺形 ABCD で、点 B、D から対角線 AC にそれぞれ垂線 BE、DF をひきます。このとき、AE＝CF であることを証明しなさい。　〈12点〉

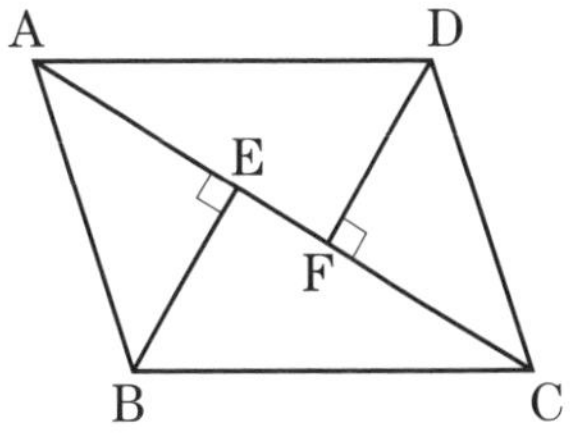

4 右の図の平行四辺形 ABCD で、点 E、F はそれぞれ辺 AD、DC 上の点で、AC//EF です。このとき、△ABE と面積の等しい三角形をすべて答えなさい。　〈10点〉

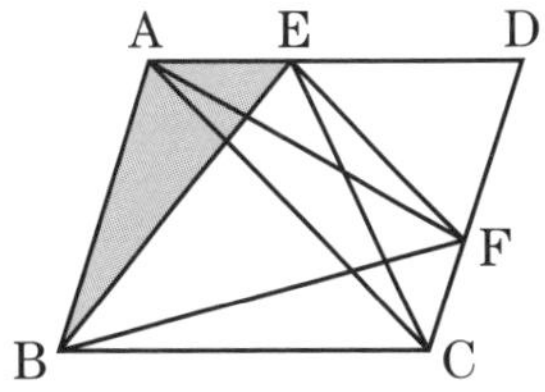

〔　　　　　〕

数学 9日目

データの分析・確率

基礎の確認

(解答▶別冊 p.13)

① データの分布の表し方

▶右の表は、あるクラスの男子 20 人のハンドボール投げの記録を度《ど》数分布表《すうぶんぷひょう》にまとめたものです。次の問いに答えなさい。

階級(m)	度数(人)	累積度数(人)
以上　未満		
10.0～15.0	2	2
15.0～20.0	5	7
20.0～25.0	9	□
25.0～30.0	3	19
30.0～35.0	1	20
計	20	

(1) 20.0m 以上 25.0m 未満の階級の累積度数《るいせきどすう》を答えなさい。

〔　　　　〕

(2) 15.0m 以上 20.0m 未満の階級の相対度数《そうたいどすう》を答えなさい。

〔　　　　〕

(3) 最頻値《さいひんち》を求めなさい。

〔　　　　〕

② 確率の求め方

▶大小 2 つのさいころを同時に投げるとき、右の表を使って次の確率《かくりつ》を求めなさい。

(1) 出る目の数の和が 6 になる確率

〔　　　　〕

(2) 出る目の数の和が 6 にならない確率

〔　　　　〕

大＼小	1	2	3	4	5	6
1						
2						
3						
4						
5						
6						

③ 四分位数と箱ひげ図

▶次のデータは、11 人のゲームの得点である。次の問いに答えなさい。

6、8、11、12、12、12、13、15、16、18、20（点）

(1) 四分位数《しぶんいすう》を求めなさい。

第 1 四分位数　〔　　　　〕

第 2 四分位数(中央値)　〔　　　　〕

第 3 四分位数　〔　　　　〕

(2) このデータの箱《はこ》ひげ図《ず》をかきなさい。

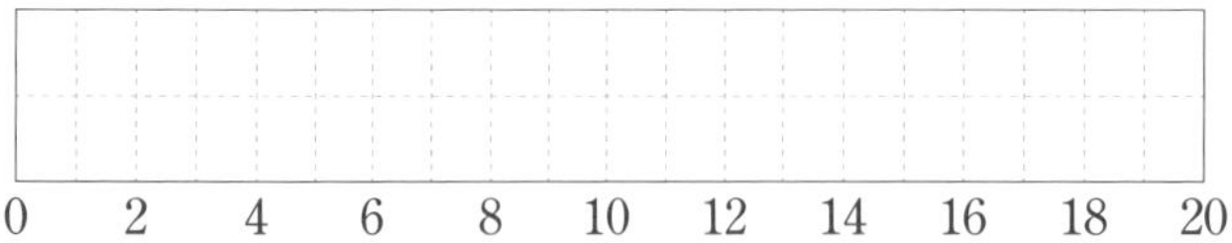

●**度数分布表と相対度数**

・**累積度数**…最初の階級からその階級までの**度数の合計**。

・**相対度数**＝$\dfrac{\text{その階級の度数}}{\text{度数の合計}}$

・**累積相対度数**《るいせきそうたいどすう》…最初の階級からその階級までの**相対度数の合計**。

●**代表値**⇨データの値全体のようすを代表する値。**平均値、中央値、最頻値**など。

●**ヒストグラムと度数折れ線**

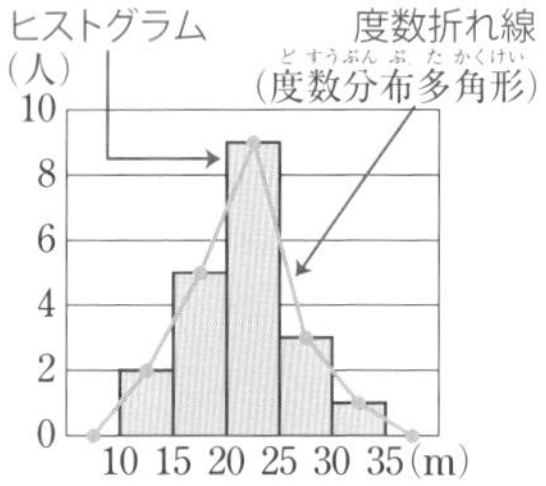

●**確率の求め方**

起こりうるすべての場合が n 通りあり、ことがら A の起こる場合が a 通りあるとき、

・**A の起こる確率** p → $p=\dfrac{a}{n}$

・**A の起こらない確率**→ $1-p$

●**四分位数**

データを小さい順に並べたとき、全体を 4 等分する 3 つの区切りの値を**四分位数**という。

・**第 1 四分位数**…前半のデータの中央値。

・**第 2 四分位数**…全体の中央値。

・**第 3 四分位数**…後半のデータの中央値。

・**(四分位範囲**《しぶんいはんい》**)**
＝**(第 3 四分位数)－(第 1 四分位数)**

●**箱ひげ図**

四分位数や最小値、最大値を図に表したもの。

実力完成テスト

＊解答と解説…別冊 p.13
＊時　間………15分

得点　　　点／50点

1 右の図は、あるクラスの女子 20 人の 50m 走の記録をヒストグラムに表したものです。次の問いに答えなさい。

〈4点×4〉

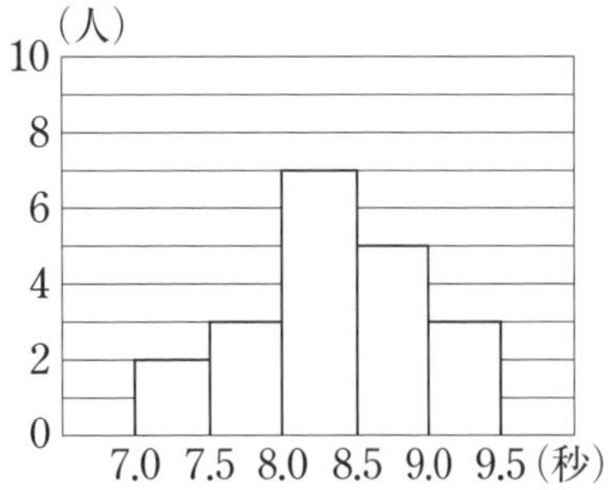

(1) 7.5 秒以上 8.0 秒未満の階級の累積相対度数を求めなさい。

〔　　　　〕

(2) 8.5 秒以上の生徒は、全体の何％ですか。

〔　　　　〕

(3) 中央値はどの階級に入りますか。

〔　　　　〕

(4) 度数折れ線(度数分布多角形)をヒストグラムにかき加えなさい。

2 3 枚の硬《こう》貨《か》を同時に投げるとき、次の確率を求めなさい。

〈4点×2〉

(1) 3 枚とも表になる確率

〔　　　　〕

(2) 少なくとも 1 枚は裏になる確率

〔　　　　〕

3 袋《ふくろ》の中に、赤玉が 3 個、白玉が 2 個、黒玉が 1 個入っています。この中から同時に 2 個の玉を取り出すとき、次の確率を求めなさい。

〈5点×2〉

(1) 取り出した 2 個の玉が赤玉と白玉である確率

〔　　　　〕

(2) 取り出した 2 個の玉がどちらも黒玉である確率

〔　　　　〕

4 右の図は、1 組 25 人と 2 組 25 人の、20 点満点のクイズ大会の得点を箱ひげ図に表したものです。この図から読み取れることとして、正しいものには○、正しくないものには×、この図からはわからないものには△のどれかで答えなさい。

〈4点×4〉

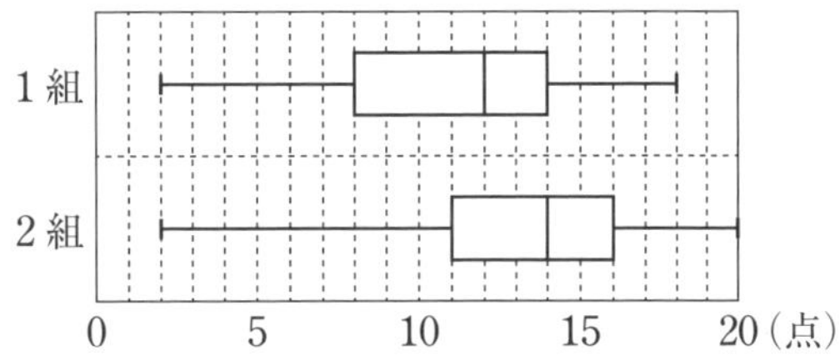

(1) 四分位範囲は、1 組より 2 組のほうが大きい。〔　　　　〕

(2) どちらの組にも得点が 14 点の人がいる。〔　　　　〕

(3) どちらの組にも得点が 12 点以上の人が半数以上いる。〔　　　　〕

(4) 平均値は 1 組のほうが大きい。〔　　　　〕

数学 10日目

中1・2全範囲

総復習テスト

▶解答と解説……別冊 p.14
▶時　間…………30分

得点　　点／100点

1 次の計算をしなさい。　〈5点×4〉

(1) $-3-(-9)$　(兵庫県)

〔　　　〕

(2) $2\times(-3)-4^2$　(大阪府)

〔　　　〕

(3) $3(3a+b)-2(4a-3b)$　(富山県)

〔　　　〕

(4) $\frac{15}{8}x^2y\div\left(-\frac{5}{6}x\right)$　(愛媛県)

〔　　　〕

2 次の問いに答えなさい。　〈6点×5〉

(1) $a=-3$ のとき、$4a+21$ の値を求めなさい。　(大阪府)

〔　　　〕

(2) 次の等式を〔　〕内の文字について解きなさい。　(滋賀県)

$3x+7y=21$　〔x〕

〔　　　〕

(3) y は x に反比例し、$x=-3$ のとき $y=1$ です。このとき、y を x の式で表しなさい。　(岡山県)

〔　　　〕

(4) 右の図のような母線の長さが 4cm の円錐《えんすい》があります。この円錐の側面の展開図が半円になるとき、この円錐の底面の半径を求めなさい。　(佐賀県)

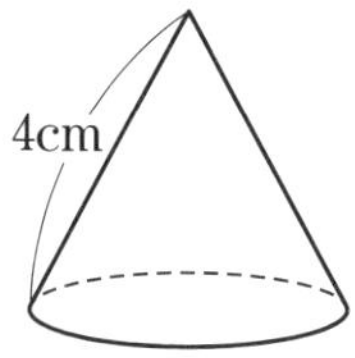

〔　　　〕

(5) 右の図は、ある中学校の卓球部《たっきゅうぶ》の部員が行った反復横とびの記録を箱ひげ図に表したものです。卓球部の部員が行った反復横とびの記録の四分位範囲《しぶんいはんい》を求めなさい。　(大阪府)

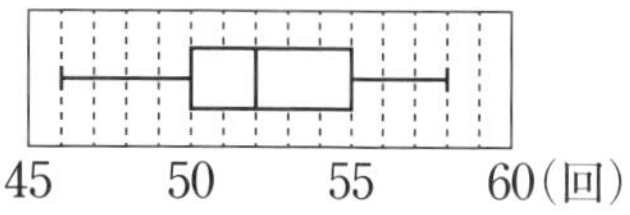

〔　　　〕

3 右の表は、ある洋菓子店《ようがしてん》でドーナツとカップケーキをそれぞれ1個つくるときの小麦粉の分量を表したものです。この分量にしたがって、小麦粉400gを余らせることなく使用して、ドーナツとカップケーキをあわせて18個つくりました。

メニュー ＼ 材料	小麦粉
ドーナツ	25g
カップケーキ	15g

このとき、つくったドーナツとカップケーキはそれぞれ何個か、求めなさい。ただし、答えを求める過程がわかるように書きなさい。　(和歌山県)〈6点〉

〔求める過程

ドーナツ…　　　、カップケーキ…　　　〕

4 右の表は、A中学校の1年生30人とB中学校の1年生90人について、ある日の睡眠《すいみん》時間を調べ、その結果を度数分布表に整理したものです。この表からわかることを述べた文として正しいものを、次の**ア**～**エ**から1つ選び、その記号を書きなさい。

（愛媛県）〈7点〉

階級（時間）	A中学校	B中学校
	度数（人）	度数（人）
以上　未満		
4 ～ 5	0	1
5 ～ 6	3	8
6 ～ 7	10	27
7 ～ 8	9	29
8 ～ 9	7	21
9 ～ 10	1	4
計	30	90

ア　A中学校とB中学校で、最頻《さいひん》値《ち》は等しい。

イ　A中学校とB中学校で、8時間以上9時間未満の階級の相対度数は等しい。

ウ　A中学校で、7時間未満の生徒の割合は、40％以下である。

エ　B中学校で、中央値がふくまれる階級は、6時間以上7時間未満である。　〔　　　　〕

5 自宅で加湿器《かしつき》を利用しているDさんは、加湿器を使うと加湿器のタンクの水の量が一定の割合で減っていくことに興味をもち、「加湿器を使用した時間」と「タンクの水の量」との関係について考えることにしました。初めの「タンクの水の量」は840mLです。加湿器を使用したとき、「タンクの水の量」は毎分6mLの割合で減ります。次の問いに答えなさい。

（大阪府）〈7点×4〉

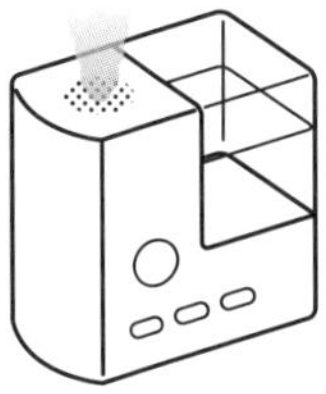

(1)「加湿器を使用した時間」がx分のときの「タンクの水の量」をymLとします。また、$0 \leqq x \leqq 140$とし、$x=0$のとき$y=840$であるとします。

①　次の表は、xとyとの関係を示した表の一部です。表中の（ア）、（イ）にあてはまる数をそれぞれ書きなさい。

x	0	…	1	…	3	…	9	…
y	840	…	834	…	（ア）	…	（イ）	…

（ア）〔　　　　〕（イ）〔　　　　〕

②　yをxの式で表しなさい。　〔　　　　〕

(2) Dさんは、タンクに水が840mL入った状態から加湿器を使い始め、しばらくしてタンクの水の量が450mLまで減っていることに気が付きました。Dさんは、加湿器を使用した時間について考えてみました。「加湿器を使用した時間」をt分とします。「タンクの水の量」が450mLであるときのtの値を求めなさい。

〔　　　　〕

6 右の図のように、AC＝BCの直角二等辺三角形ABCがあり、辺ACの延長上に、線分CDの長さが辺ACの長さより短くなる点Dをとります。また、点Aから線分BDに垂線AEをひき、線分AEと辺BCの交点をFとします。このとき、AF＝BDを証明しなさい。

（山口県）〈9点〉

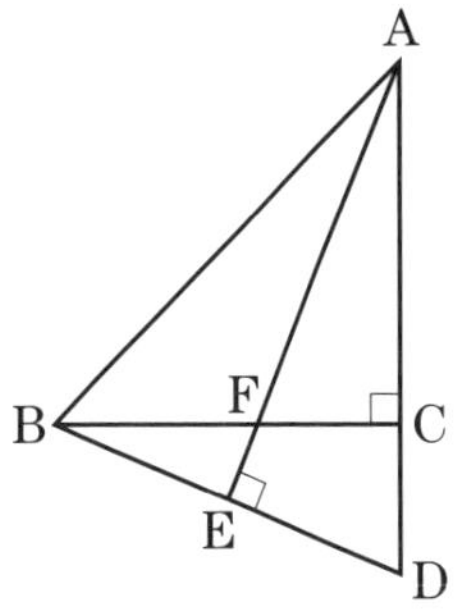

理科 1日目

身のまわりの現象

基礎の確認

●文中の〔　　〕に適するものを書いたり、選んだりしましょう。（解答▶別冊 p.15）

① 光の性質

▶**反射《はんしゃ》の法則**…光が鏡などで反射するとき、常に**入射角《にゅうしゃかく》**と〔①　　　　〕は等しい。

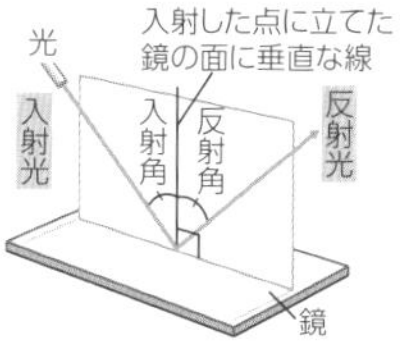

▶光の屈折《くっせつ》…光が空気中から水中へ進むとき、**入射角**〔② ＞ ・ ＜〕**屈折角《くっせつかく》**となる。

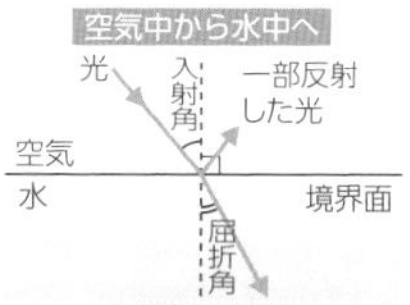

入射角>屈折角

▶**全反射《ぜんはんしゃ》**…光が水やガラス中から空気中へ進むとき、〔③　　　　〕が一定以上大きくなると、光が屈折せずにすべて反射する現象。

▶凸《とつ》レンズと像《ぞう》…物体《ぶったい》を**焦点《しょうてん》**の内側に置くと〔④ 実像《じつぞう》・虚像《きょぞう》〕ができ、外側に置くと〔⑤ 実像・虚像〕ができる。物体を**焦点距離《しょうてんきょり》の2倍の位置**に置くと、できる像は物体〔⑥ より大きい・と同じ・より小さい〕。

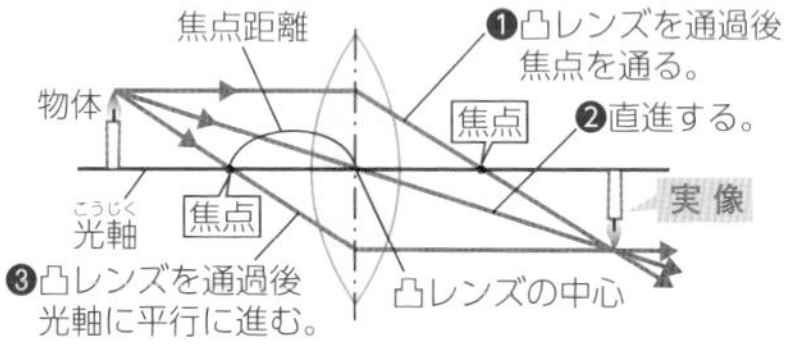

② 音の性質

▶音の伝わり方…**音源《おんげん》**のまわりの空気や水などが**振動《しんどう》**して〔①　　　　〕となって伝わる。空気中を音は約 340 m/s で進む。
└発音体ともいう

▶音の大きさと高さ…音の大きさは〔②　　　　〕が大きいほど大きい。音の高さは〔③　　　　〕が多いほど高い。

③ 力の性質

▶力のはたらき…**物体の**〔①　　　　〕**を変える。物体の動き(速さや向き)を変える。物体を支える。**

▶力の種類…物体どうしがふれ合ってはたらく→**摩擦力《まさつりょく》**、**垂直抗《すいちょくこう》力《りょく》**、弾性力《だんせいりょく》。離《はな》れていてもはたらく→物体を地球の中心に向かって引く〔②　　　　〕、磁力《じりょく》、電気力（電気の力）。

▶力の3要素…**作用点《さようてん》、力の向き、力の**〔③　　　　〕の3つ。

▶力の大きさとばねののび…ばねののびは、ばねに加えた力の大きさに〔④　　　　〕する。これを〔⑤　　　　〕**の法則**という。

▶2力がつり合う条件…2力の大きさは〔⑥　　　　〕。2力の向きは〔⑦　　　　〕向き。2力は〔⑧　　　　〕上にある。
└作用線が一致

くわしく 光が水中から空気中へ進むとき

屈折角>入射角となる。

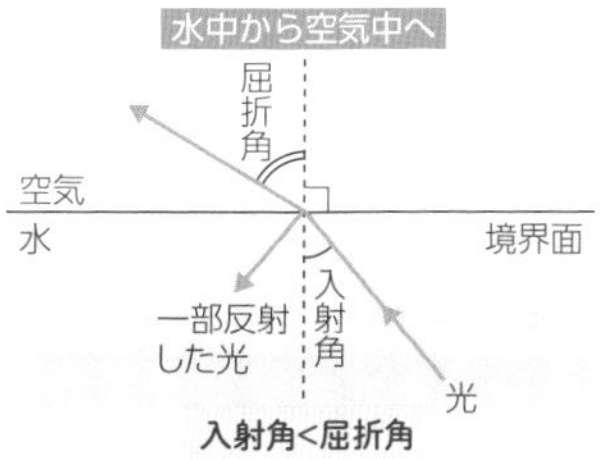

入射角<屈折角

ミス注意 虚像の作図

下図のように、光軸に平行な光とレンズの中心を通る光を逆に延長して像を作図する。

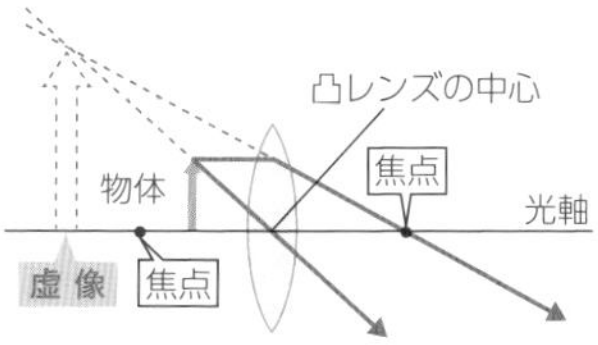

くわしく 振幅《しんぷく》と振動数《しんどうすう》

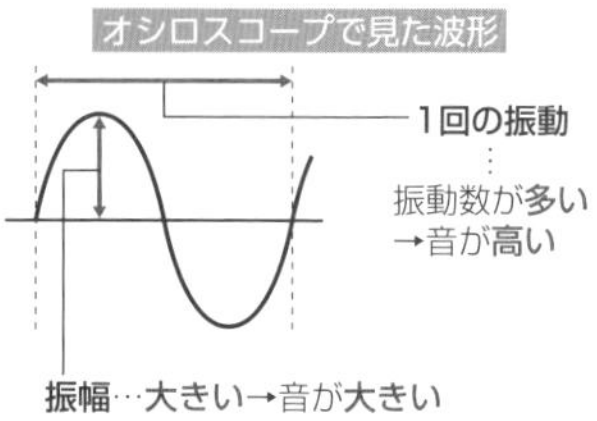

くわしく 力の表し方

力は矢印で表す。

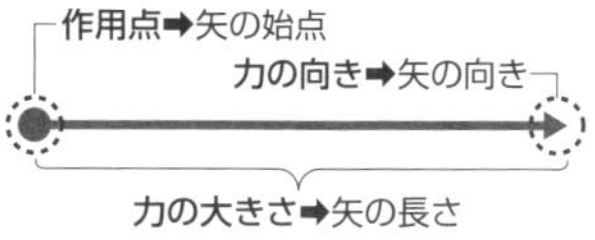

くわしく 2力のつり合い

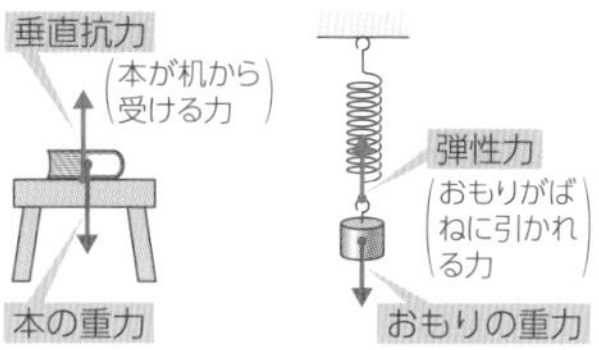

実力完成テスト

＊解答と解説…別冊 p.15
＊時　間………10分

得点
点／50点

1 右の図は、光が水中から空気中に出ていくようすを表したものです。次の問いに答えなさい。〈4点×2〉

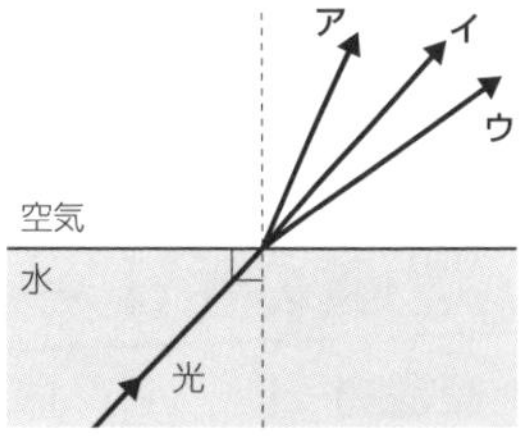

(1) 水中から出た光は空気中をどのように進みますか。正しいものを**ア**～**ウ**から1つ選び、記号で答えなさい。〔　　〕

(2) 光の入射角を大きくしていくと、ある角度で水面から出ていく光がなくなりました。この現象を何といいますか。〔　　〕

2 図は、凸レンズの光軸上に物体を置いたようすです。次の問いに答えなさい。ただし、**O**は凸レンズの中心、**F**、**F´**は焦点を表しています。〈5点×3〉

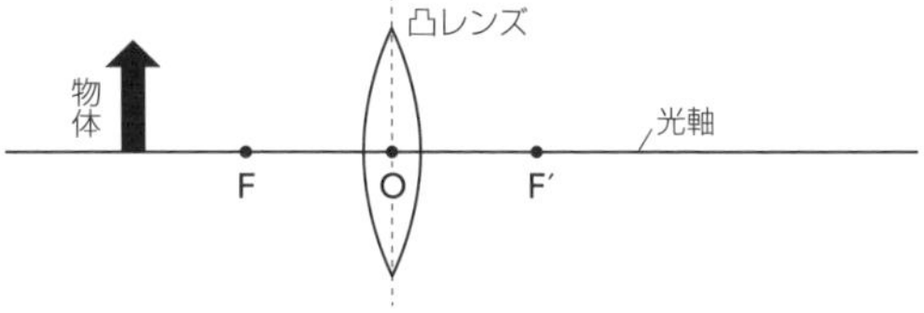

(1) 物体から出た光が凸レンズを通ってつくる像を図中にかき入れなさい。

(2) 物体を**F**と**O**の間に置くと、像はできず、物体と反対側から凸レンズをのぞくと像が見えました。この像の向きと大きさについて簡単に書きなさい。

〔　　〕

(3) 像の大きさが物体の大きさと同じになったとき、物体と凸レンズの距離は30 cmでした。この凸レンズの焦点距離は何cmですか。〔　　〕

3 音について、次の問いに答えなさい。〈4点×3〉

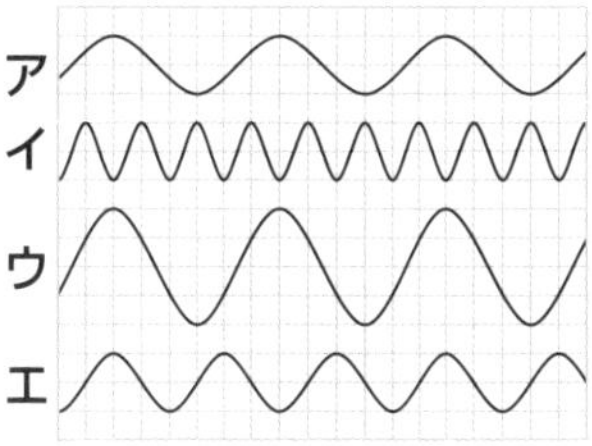

(1) モノコードを使って、大きさや高さのちがう音を出して、オシロスコープで調べると、図の**ア**～**エ**のようになりました。最も大きい音と最も高い音はそれぞれどれですか。**ア**～**エ**からそれぞれ選び、記号で答えなさい。　大きい音〔　　〕　高い音〔　　〕

(2) 花火大会で太郎《たろう》さんは花火が開いてから4秒後に音が聞こえました。花火が開いたところから太郎さんまでの距離は1360 mあります。このときの音の速さは何m/sですか。〔　　〕

4 **図1**のように長さ6 cmのばねを使っていろいろな重さのおもりをつるし、ばねに加わる力とばねののびとの関係を調べました。**図2**はその結果です。次の問いに答えなさい。ただし、100 gの物体にはたらく重力の大きさを1 Nとし、**図1**の方眼の1目盛りは0.5 Nとします。〈5点×3〉

図1

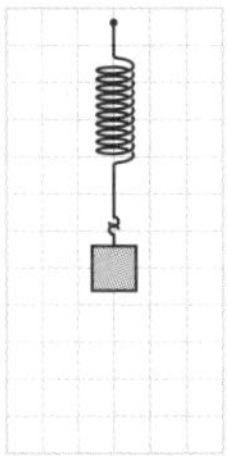

図2

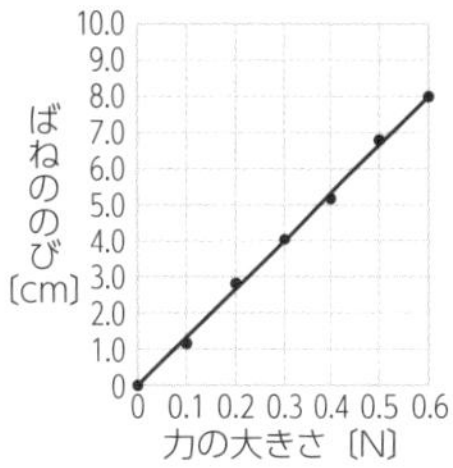

(1) **図1**のおもりは200 gです。このおもりにはたらく重力を図に矢印でかき入れなさい。

(2) このばねに150 gの物体をつるすと、ばねののびは何cmになりますか。〔　　〕

(3) ばね全体の長さが18 cmになったとき、ばねにつるしたおもりは何Nですか。〔　　〕

理科

2日目 身のまわりの物質

基礎の確認

●文中の〔　〕に適するものを書いたり、選んだりしましょう。（解答▶別冊 p.15）

（解答▶別冊 p.15）

❶ 物質《ぶっしつ》の性質

▶**有機物《ゆうきぶつ》**…〔①　　　〕をふくむ物質。有機物以外は〔②　　　〕。

▶**金属**…**熱**を伝えやすく〔③　　　〕を通しやすい。**延性《えんせい》**（引っ張るとのびる）や**展性《てんせい》**（たたくと広がる）がある。みがくと**金属光沢《こうたく》**が出る。金属以外を〔④　　　〕という。

▶**密度《みつど》**…物質 1 cm^3 あたりの質量《しつりょう》。 $\text{密度}〔g/cm^3〕=\dfrac{\text{物質の質量}〔g〕}{\text{物質の体積}〔cm^3〕}$

・10 cm^3 で 105 g の銀の密度は〔⑤　　　〕g/cm^3

▶**純粋《じゅんすい》な物質（純物質）**…1 種類の物質からできたもの。

▶**混合物《こんごうぶつ》**…〔⑥　　　〕以上の物質が混ざっているもの。

▶**状態変化《じょうたいへんか》**…物質が**固体⇔液体⇔気体**と変化すること。状態変化すると、体積は変化〔⑦ する・しない〕が、質量は変化〔⑧ する・しない〕。

▶**融点《ゆうてん》**…〔⑨　　　〕から液体に変化するときの温度。

▶**沸点《ふってん》**…液体が沸騰《ふっとう》して〔⑩　　　〕に変化するときの温度。

▶**蒸留《じょうりゅう》**…液体を熱し、出てきた気体を冷やして液体にもどしてとり出すこと。混合物の蒸留では、〔⑪　　　〕の低い物質が先に多く出てくる。

ミス注意 無機物

炭素や**二酸化炭素**は、炭素をふくむが**無機物《むきぶつ》**に分類される。

くわしく 有機物の特徴《とくちょう》

加熱するとこげて**炭**になり、二酸化炭素と、多くは水が発生する。

くわしく 純粋な物質と混合物

純物質…銅、塩化ナトリウムなど
混合物…食塩水、塩酸、海水など

くわしく 状態変化と加熱・冷却《れいきゃく》

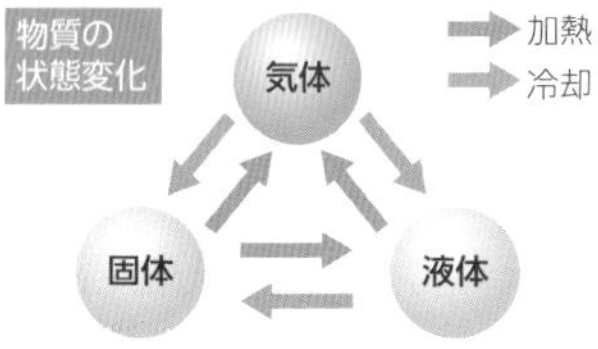

ミス注意 水の体積の変化

水は**液体**から**固体**になると、**体積が大きくなる。**

❷ 気体の性質

	二酸化炭素	酸素	水素	アンモニア
発生方法	〔①　　　〕 ＋うすい塩酸	〔③　　　〕 ＋うすい過酸化水素水 （オキシドール）	亜鉛《あえん》、鉄などの金属 ＋うすい塩酸	塩化アンモニウムと 水酸化カルシウムの 混合物を加熱
色	無色	〔④　　　〕	無色	無色
におい	無臭	無臭	無臭	刺激臭《しげきしゅう》
水へのとけ方	少し〔②　　　〕	とけにくい	とけにくい	〔⑦　　　〕
空気の密度との比較《ひかく》	大きい	大きい	〔⑥　　　〕	小さい
気体の集め方	水上置換《すいじょうちかん》(下方置換《かほうちかん》)法《ほう》	〔⑤　　　〕	水上置換法	〔⑧　　　〕

❸ 水溶液《すいようえき》の性質

▶ $\text{質量パーセント濃度《のうど》}〔\%〕=\dfrac{\text{溶質の質量}〔g〕}{〔①\quad〕\text{の質量}〔g〕}\times 100$

・水 80 g に食塩 20 g がとけた溶液の質量パーセント濃度は〔②　　　〕%

▶〔③　　　〕…一定量の水にとかすことのできる物質の限度の量。

▶〔④　　　〕…物質が溶解度《ようかいど》までとけている水溶液。

▶**再結晶《さいけっしょう》**…固体を液体にとかしたあと、再び固体の〔⑤　　　〕としてとり出す方法。

確認 ろ過の方法

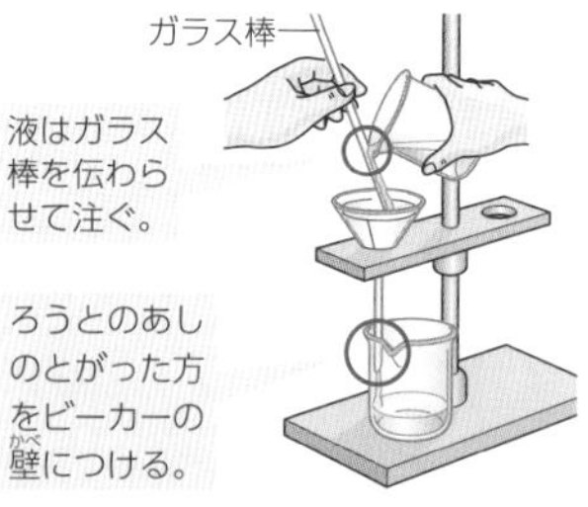

実力完成テスト

＊解答と解説…別冊 p.15
＊時　間………10分

得点
点／50点

1 食塩、砂糖《さとう》、デンプン、銅粉、プラスチック片《へん》を、図のように石灰《せっかい》水《すい》を入れた集気びんの中で燃焼《ねんしょう》さじにのせて加熱し、燃えるものは燃やしました。その後、物質をとり出して集気びんを振《ふ》ると、石灰水が白くにごったものがありました。次の問いに答えなさい。　〈5点×4〉

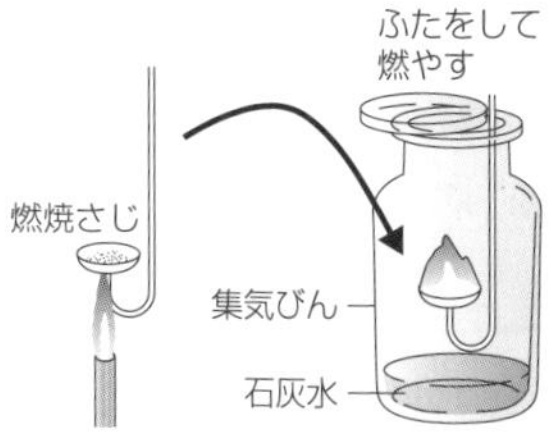

(1)　実験で使ったプラスチック片の体積は 3.0 cm^3 で質量は 2.7 g でした。このプラスチック片の密度は何 g/cm^3 ですか。　〔　　　　　〕

(2)　実験で、石灰水が白くにごった物質をすべて答えなさい。　〔　　　　　〕

(3)　(2)の物質をまとめて何といいますか。　〔　　　　　〕

(4)　実験で用いた物質の中で、銅は金属のなかまです。次の**ア**～**エ**のうち、金属に共通の性質ではないものをすべて選び、記号で答えなさい。　〔　　　　　〕

ア　かたく曲がらない。　**イ**　たたくと広がる。　**ウ**　磁石《じしゃく》につく。　**エ**　みがくと光沢が出る。

2 **図1**の装置で水とエタノールの混合物を加熱して蒸留し、蒸気の温度が**図2**の**A**～**C**のときに試験管に集まった液体を**A**～**C**としました。次の問いに答えなさい。　〈(1)(2) 3点×2、(3) 4点〉

図1

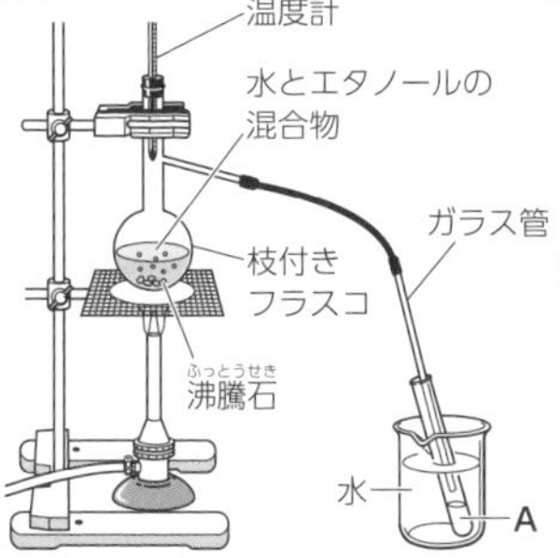

図2

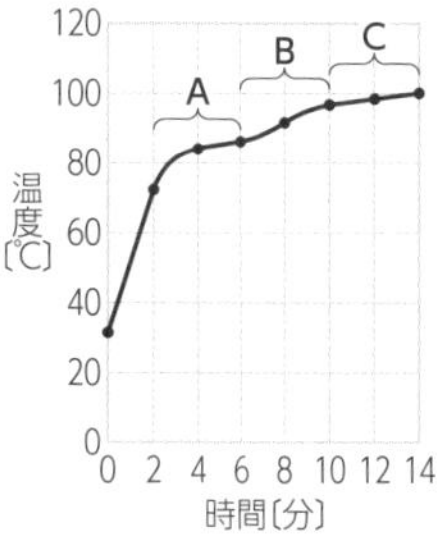

(1)　**A**～**C**の液をそれぞれろ紙にひたし、火をつけたところ、燃えたものが1つありました。どれですか。記号で答えなさい。　〔　　　〕

(2)　**C**の液の説明として正しいものを次の**ア**～**ウ**から1つ選び、記号で答えなさい。　〔　　　〕

ア　すべてエタノールである。　**イ**　エタノールと水が混ざっている。　**ウ**　すべて水である。

(3)　蒸留で、混合物を分離《ぶんり》することができるのはなぜですか。簡単に書きなさい。

〔　　　　　　　　　　　　　　　　　　　　〕

3 図は溶解度曲線《ようかいどきょくせん》です。次の問いに答えなさい。　〈5点×4〉

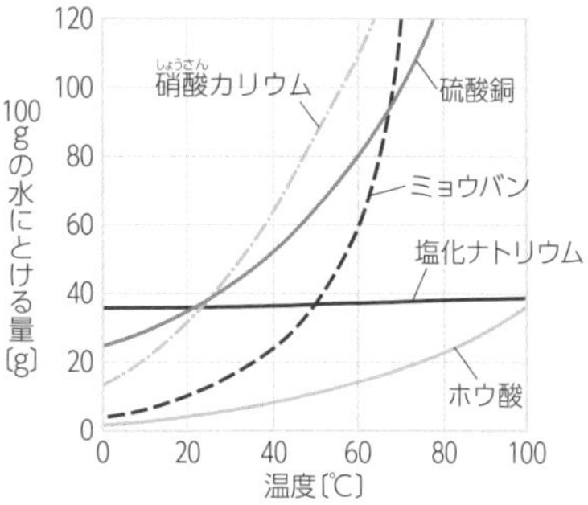

(1)　60 ℃の水 100 g に硫酸銅《りゅうさんどう》をとけるだけとかしました。

①　このような水溶液を何といいますか。　〔　　　　　〕

②　この水溶液の質量パーセント濃度は何％ですか。四捨五入して整数で求めなさい。　〔　　　　　〕

(2)　40 ℃の水 100 g に、図の物質をそれぞれとけるだけとかしたあと、それぞれの水溶液を 0 ℃まで冷やしました。

①　最も多くの結晶が出てきたのはどの物質ですか。　〔　　　　　〕

②　塩化ナトリウムの水溶液からはほとんど結晶が出てきませんでした。この水溶液から結晶をとり出すにはどのような操作をすればよいですか。簡単に書きなさい。

〔　　　　　　　　　　　　　　　　　　　　〕

理科

3日目 電流とその利用

基礎の確認

●文中の〔　〕に適するものを書いたり、選んだりしましょう。（解答▶別冊 p.16）

① 回路《かいろ》と電流《でんりゅう》・電圧《でんあつ》

▶**直列回路《ちょくれつかいろ》**

…電流の通り道が

〔①　　〕本の回路。

▶**並列回路《へいれつかいろ》**…電流の通り道が

〔②　　〕本以上に分かれる回路。

直列回路

電流の関係

$I = I_1 = I_2$

電圧の関係

$V =$〔③　　〕

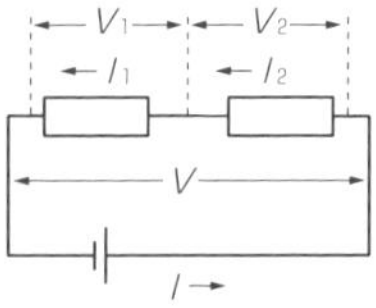

並列回路

電流の関係

$I =$〔④　　〕

電圧の関係

$V = V_1 = V_2$

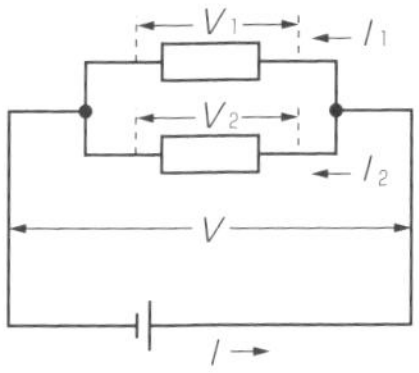

▶**オームの法則**…電熱線を流れる電流は、電熱線に加わる電圧に比例する。

V(電圧：単位 V)＝R(抵抗：単位Ω)×I(電流：単位 A)

$R =$〔⑤　　〕　$I =$〔⑥　　〕

▶**回路全体の抵抗 R**

…直列回路では各抵抗の和。並列回路では各抵抗より小さい。

直列回路の全体の抵抗

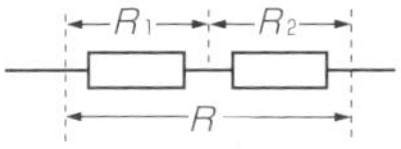

$R =$〔⑦　　〕

並列回路の全体の抵抗

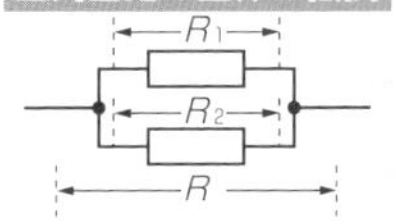

$\frac{1}{R} =$〔⑧　　〕

$R < R_1$, $R < R_2$

▶**電力《でんりょく》**…P(電力：単位 W)＝V(電圧：単位 V)×I(電流：単位 A)

▶**電力量《でんりょくりょう》**…W(電力量：単位 J)＝P(電力：単位 W)×t(時間：単位 s)

▶**電流による発熱量**…電熱線の発熱量は電力と電流を流した時間に〔⑨ 比例・反比例〕する。Q(発熱量：単位 J)＝$P \times t$

▶**静電気《せいでんき》**…2種類の物質《ぶっしつ》どうしをこすったときに帯びる＋《プラス》と－《マイナス》の電気。

▶**陰極線《いんきょくせん》（電子線《でんしせん》）**…－極→＋極へ流れる〔⑩　　〕の流れ。
└－の電気をもつ

ミス注意 電流計と電圧計

●**電流計**…回路のはかろうとする部分に**直列**につなぐ。

●**電圧計**…回路のはかろうとする部分に**並列**につなぐ。

くわしく 電力と電力量

電力は1秒あたりに消費する電気エネルギーの量。**電力量**は一定時間に消費する電気エネルギーの総量。

② 電流と磁界《じかい》

▶**導線とコイルにできる磁界**

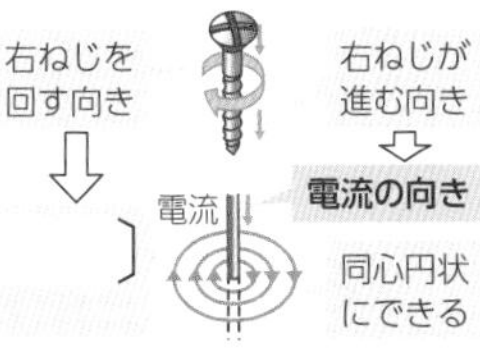

〔①　　〕の向き

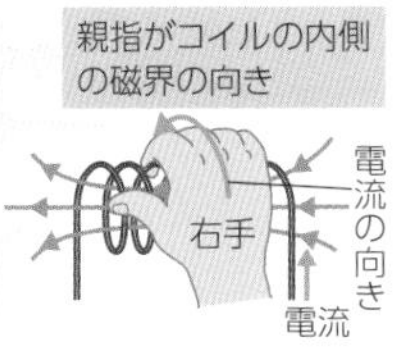
4本の指先を電流の向きに合わせる

〔②　　〕の向き

くわしく 磁石の磁界

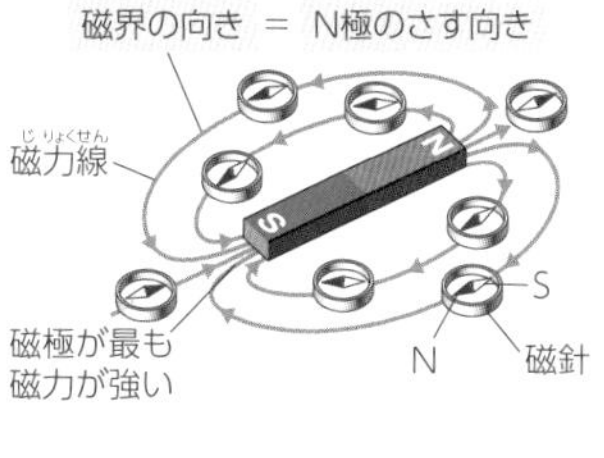

▶**電流が磁界から受ける力**…磁界の中で導線に流れる電流は、**磁界の向き**と**電流の向き**の両方の向きに**直角**に力がはたらく。

▶**電磁誘導《でんじゆうどう》**…コイルの中の**磁界が変化**すると、コイルに**電圧**が生じる現象。このとき流れる電流を〔③　　〕という。

▶〔④　　〕…**一定**の向きに流れる電流。乾電池《かんでんち》の電流など。

▶〔⑤　　〕…向きや大きさが**周期的に変化**する電流。

発展 電流が磁界から受ける力の向き

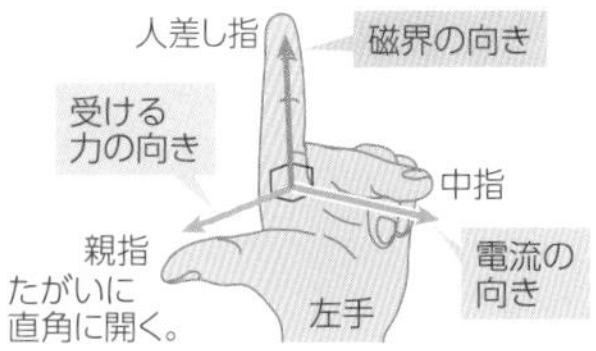

実力完成テスト

＊解答と解説…別冊 p.16
＊時　間………10分

得点
点／50点

1 5Ωの電熱線**a**と抵抗の大きさがわからない電熱線**b**を用いた**図1**、**2**の回路について、次の問いに答えなさい。〈4点×5〉

図1

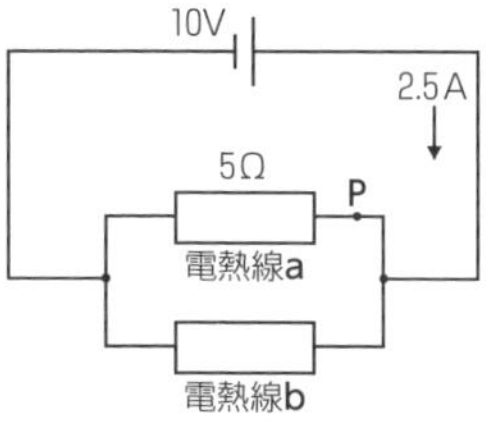

図2

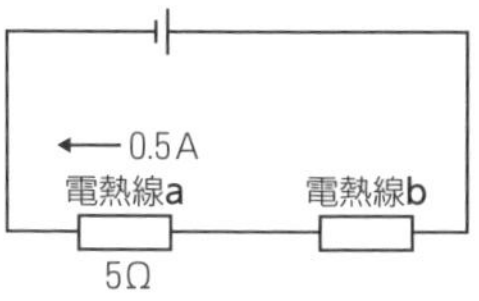

(1) **図1**で、**P**点を流れる電流の大きさは何Aですか。〔　　　〕

(2) **図1**で、電熱線**b**の抵抗の大きさは何Ωですか。〔　　　〕

(3) **図2**で、電源の電圧の大きさは何Vですか。〔　　　〕

(4) **図1**、**2**の回路全体の抵抗の大きさをそれぞれ求めなさい。**図1**〔　　　〕 **図2**〔　　　〕

2 図は、電熱線**P**、**Q**について、加える電圧を変えて流れる電流の大きさを調べた結果です。次の問いに答えなさい。

〈4点×4〉

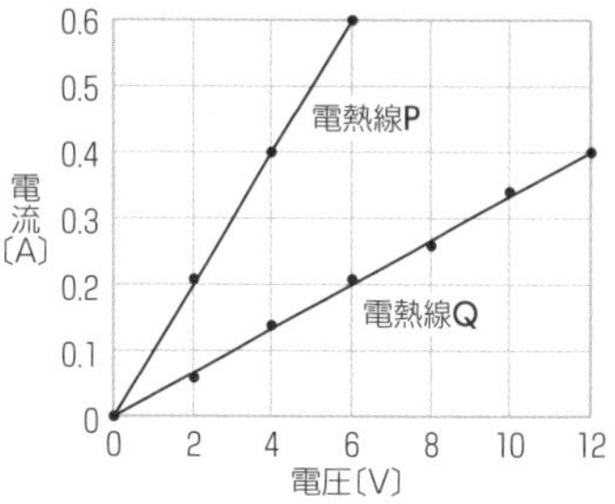

(1) 電熱線**P**と**Q**のうち、同じ電圧を加えたとき、電流が流れやすいのはどちらですか。〔　　　〕

(2) 電熱線**Q**の抵抗の大きさは何Ωですか。〔　　　〕

(3) 電熱線**P**と**Q**を用いて直列回路をつくったとき、回路全体に流れる電流の大きさを0.2Aにするには、電源の電圧を何Vにすればよいですか。〔　　　〕

(4) 電熱線**P**と**Q**を用いて並列回路をつくったとき、電源の電圧を6Vにすると、回路に流れる電流の大きさは何Aになりますか。〔　　　〕

3 図のように、10Ωの抵抗器をつないだ装置をつくり、電流を図の矢印の向きに流したところ、導線が**X**の向きに動きました。次の問いに答えなさい。〈(1)4点、(2)(3)5点×2〉

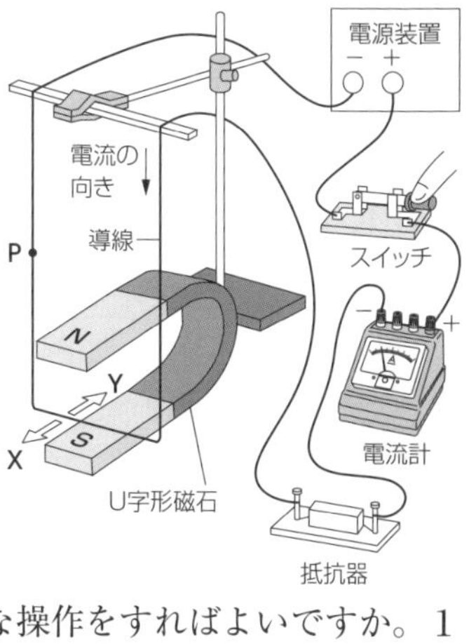

(1) 導線に電流が流れているとき、導線の**P**点における磁界のようすとして正しいものを次の**ア**～**エ**から1つ選び、記号で答えなさい。〔　　　〕

(2) 図の装置を使って、導線の動く向きを**Y**に変えるには、どのような操作をすればよいですか。1つ簡単に書きなさい。〔　　　〕

(3) 導線の動く大きさを大きくするために、電源の電圧は変えずに、抵抗器だけをかえます。どのような抵抗器にかえたらよいですか。簡単に書きなさい。〔　　　〕

理科 4 日目

化学変化と原子・分子

基礎の確認

●文中の〔　　〕に適するものを書いたり、選んだりしましょう。（解答▶別冊 p.16）

❶ いろいろな分解《ぶんかい》

▶**分解**…物質《ぶっしつ》が２つ以上の別の物質に分かれる化学変化《かがくへんか》。

▶**炭酸水素ナトリウムの熱分解《ねつぶんかい》**…

炭酸水素ナトリウム→炭酸ナトリウム＋〔①　　　　〕＋水

▶**酸化銀の熱分解**…

酸化銀→銀＋〔②　　　　〕

▶**水の電気分解《でんきぶんかい》**…少量の〔③ 水酸化ナトリウム・食塩〕をとかした水を電気分解すると、〔④　　　　〕極側に水素が発生し、〔⑤　　　　〕極側に酸素が、２：１の体積比で発生する。

炭酸水素ナトリウムの熱分解

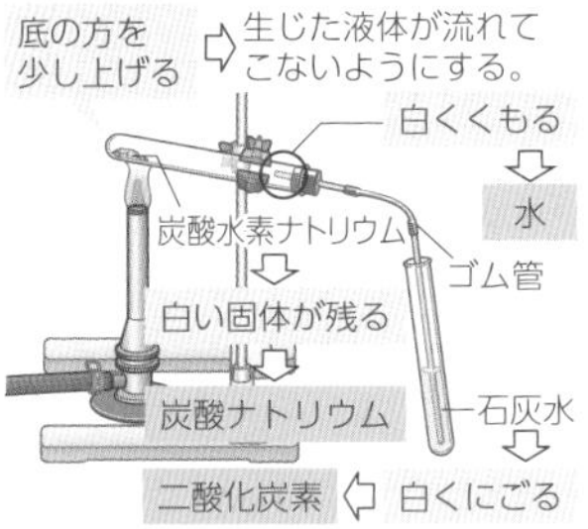

❷ 物質の成り立ち

▶**原子《げんし》**…物質をつくっている、それ以上分けられない粒子《りゅうし》。原子は種類によって〔①　　　　〕や〔②　　　　〕が決まっていて、ほかの原子に変わったり、なくなったり、新しくできたりしない。

▶**分子《ぶんし》**…〔③　　　　〕がいくつか結びついて物質の性質を示す最小粒子。

▶**原子の種類を表す記号**…原子の種類を〔④　　　　〕といい、〔⑤　　　　〕を使って表す。

元素《げんそ》	〔⑥　　〕	〔⑦　　〕	酸素	銀	硫黄《いおう》
元素記号《げんそきごう》	H	C	〔⑧　　〕	〔⑨　　〕	〔⑩　　〕

▶**単体《たんたい》**…〔⑪　　　　〕種類の元素だけでできている物質。

▶**化合物《かごうぶつ》**…〔⑫　　　　〕種類以上の元素からできている物質。

❸ いろいろな化学変化を表す式

▶**化学反応式《かがくはんのうしき》**…〔①　　　　〕を用いて**化学変化**を表した式。

●**鉄と硫黄が結びつく反応**…

$Fe + S \rightarrow$〔②　　　　〕

●**水の電気分解**…$2H_2O \rightarrow$〔③　　　　〕$+ O_2$

●**炭酸水素ナトリウムの熱分解**…

$2NaHCO_3 \rightarrow Na_2CO_3 +$〔④　　　　〕$+ H_2O$

鉄と硫黄が結びつく反応

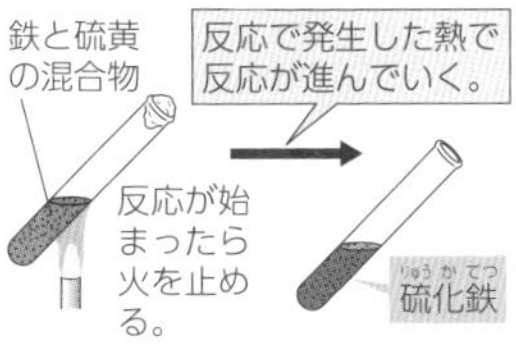

	鉄	硫化鉄
色	銀白色	黒　色
磁石との反応	磁石につく	磁石につかない
うすい塩酸との反応	水　素（無臭《むしゅう》）が発生	硫化水素（腐卵臭《ふらんしゅう》）が発生

くわしく 熱分解

物質を加熱したときに起こる分解を**熱分解**という。

くわしく 炭酸水素ナトリウムの熱分解で生じた物質の確認法

●**水**…試験管の口付近の液体に青色の**塩化コバルト紙**をつけると、**赤色**（桃色《ももいろ》）に変化。

●**二酸化炭素**…石灰水《せっかいすい》に通すと、石灰水が白くにごる。

●**炭酸ナトリウム**…炭酸ナトリウムの水溶液《すいようえき》は炭酸水素ナトリウムの水溶液より**アルカリ性**が強い。そのため、フェノールフタレイン溶液を加えると濃《こ》い赤色になる。

確認 発生した気体の確認法

●**酸素**…火のついた線香《せんこう》を入れると、線香が激しく燃える。

●**水素**…火を近づけると、ポッと音を立てて燃える。

確認 おもな化学反応式

●**水素と酸素が結びつく反応**

$2H_2 + O_2 \rightarrow 2H_2O$
水素　酸素　　水

●**酸化銀の熱分解**

$2Ag_2O \rightarrow 4Ag + O_2$
酸化銀　　銀　　酸素

●**塩化銅の分解**

$CuCl_2 \rightarrow Cu + Cl_2$
塩化銅　　銅　　塩素

●**銅と酸素が結びつく反応**

$2Cu + O_2 \rightarrow 2CuO$
銅　　酸素　　酸化銅

●**マグネシウムと酸素が結びつく反応**

$2Mg + O_2 \rightarrow 2MgO$
マグネシウム　酸素　酸化マグネシウム

実力完成テスト

＊解答と解説…別冊 p.16
＊時　間………10分

得点　　点／50点

1

図のような装置を組み立て、炭酸水素ナトリウムを加熱しました。次の問いに答えなさい。〈4点×5〉

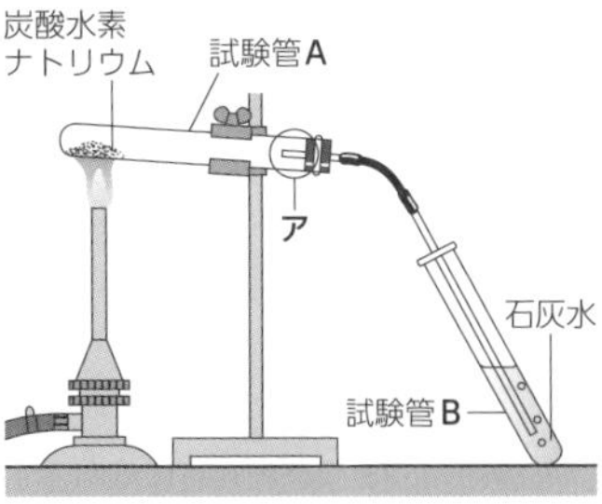

(1) 試験管Aの**ア**の付近についた液体が何かを調べるために塩化コバルト紙を用いて調べました。青色の塩化コバルト紙は何色に変化しましたか。〔　　　　〕

(2) 図の試験管Bの石灰水はどのようになりましたか。簡単に書きなさい。〔　　　　〕

(3) 加熱後に試験管Aに残った白い固体と炭酸水素ナトリウムを少量ずつとり、水5 cm^3 を加えてかき混ぜ、フェノールフタレイン溶液を加えました。より濃《こ》い赤色になったのはどちらですか。〔　　　　〕

(4) 炭酸水素ナトリウムの分解を表す次の化学反応式の①、②にあてはまる化学式を書きなさい。

$2NaHCO_3$ → （固体）① ＋ CO_2 ＋ （液体）②　　①〔　　　〕　②〔　　　〕

2

図のような簡易型電気分解装置で水を電気分解しました。次の問いに答えなさい。〈4点×3〉

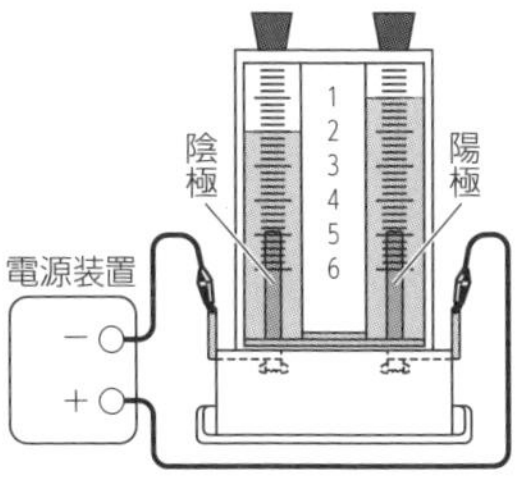

(1) 装置に入れる水には水酸化ナトリウムを少量とかします。水酸化ナトリウムを水にとかす理由を簡単に書きなさい。

理由〔　　　　〕

(2) 陰極側《いんきょくがわ》に集まった気体が10 cm^3 だったとき、陽極側《ようきょくがわ》に集まった気体は何 cm^3 と考えられますか。〔　　　　〕

(3) 水の電気分解の反応を表す化学反応式を書きなさい。〔　　　　〕

3

鉄と硫黄の粉末《ふんまつ》をよく混ぜ、A、Bの試験管に同量ずつ分け、Aだけを加熱しました。次の問いに答えなさい。〈3点×6〉

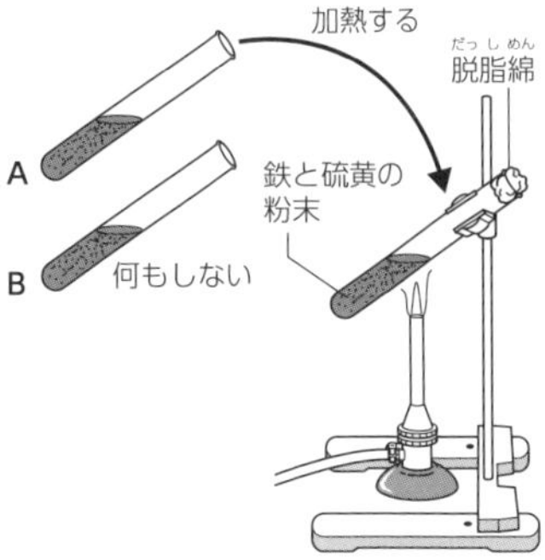

(1) Aの試験管の上部を加熱し、赤くなったところで加熱をやめました。その後、Aの反応はどうなりますか。簡単に書きなさい。〔　　　　〕

(2) 反応後の試験管AとBに磁石を近づけると、一方だけに磁石が引きつけられました。磁石は、A、Bどちらの試験管の何という物質に引きつけられましたか。　試験管〔　　〕　物質〔　　　〕

(3) 反応後の試験管AとBの物質を少量ずつとり、うすい塩酸を加えたところ、どちらからも気体が発生しました。無色・無臭で、火を近づけると音を立てて燃える気体が発生したのは、A、Bどちらの試験管ですか。また、その気体の化学式を書きなさい。試験管〔　　〕　化学式〔　　　〕

(4) 試験管Aで起こった化学変化を化学反応式で表しなさい。〔　　　　〕

理科

5日目 さまざまな化学変化

基礎の確認

●文中の〔　　〕に適するものを書きましょう。（解答▶別冊 p.17）

❶ 酸化《さんか》と還元《かんげん》

▶**酸化**…物質《ぶっしつ》が〔①　　　　〕と結びつく化学変化《かがくへんか》。とくに激しく光や熱を出す酸化を〔②　　　　〕という。

▶**酸化物《さんかぶつ》**…酸化によってできた物質。

●銅が酸化してできた酸化物は〔③　　　　〕である。

$2Cu + O_2 \rightarrow$〔④　　　　〕

▶**還元**…酸化物から〔⑤　　　　〕がうばわれる化学変化。

●**炭素による酸化銅の還元**

酸化銅＋炭素→銅＋〔⑥　　　　〕

●**水素による酸化銅の還元**

酸化銅＋水素→銅＋〔⑦　　　　〕

▶**酸化と還元**…同時に起こる。

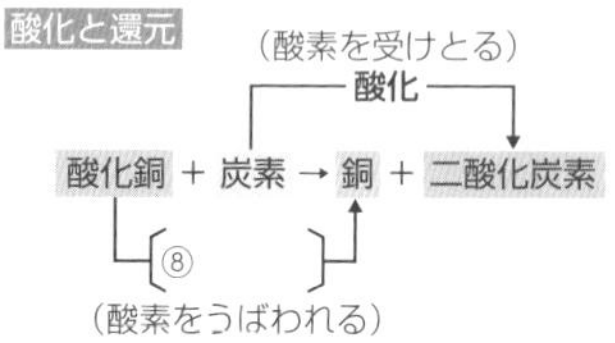

くわしく いろいろな酸化の例

●**おだやかな酸化**…鉄が空気中でさびる。

●**激しい酸化**…物質が燃焼《ねんしょう》したり、爆発《ばくはつ》したりする。

くわしく 炭素による酸化銅の還元

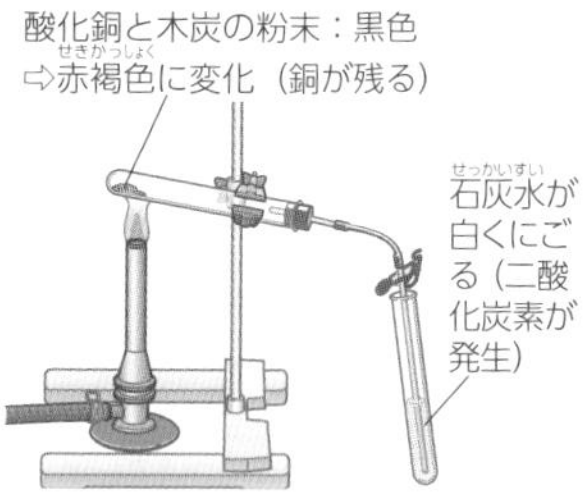

❷ 化学変化と物質の質量《しつりょう》

▶**質量保存《しつりょうほぞん》の法則《ほうそく》**…化学変化の前後で〔①　　　　〕の質量は変化しない。**化学変化前の質量の総和＝**〔②　　　　〕**の質量の総和**

▶**金属と酸素が結びつく質量の割合**…常に一定の質量の割合で結びつく。

●**銅の酸化**　　**銅　＋　酸素　→酸化銅**

質量の割合　〔③　〕：〔④　〕：　5

●**マグネシウムの酸化**　**マグネシウム　＋　酸素　→酸化マグネシウム**

質量の割合　〔⑤　〕：〔⑥　〕：　5

・1.2 g の銅は、〔⑦　　〕g の酸素と結びつき、〔⑧　　〕g の酸化銅ができる。

・1.5 g のマグネシウムは、〔⑨　　〕g の酸素と結びつき、〔⑩　　〕g の酸化マグネシウムができる。

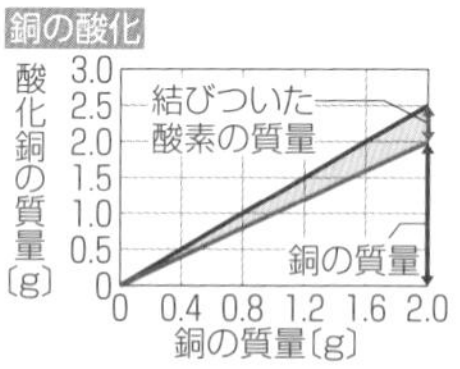

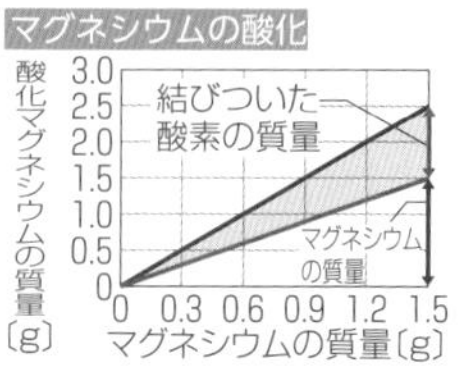

くわしく 化学変化の前後の質量

●**気体が発生する化学変化**

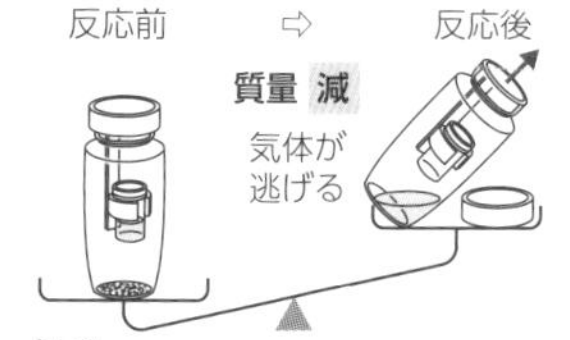

●**沈殿《ちんでん》ができる化学変化**

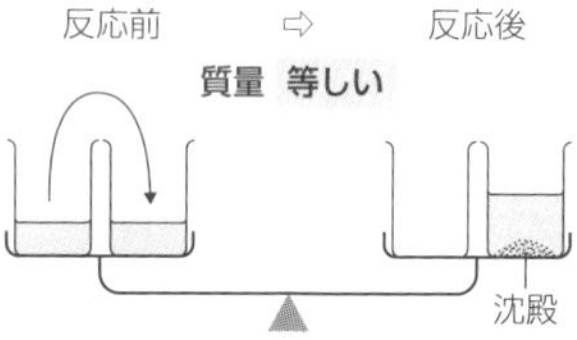

●**金属を加熱する化学変化**

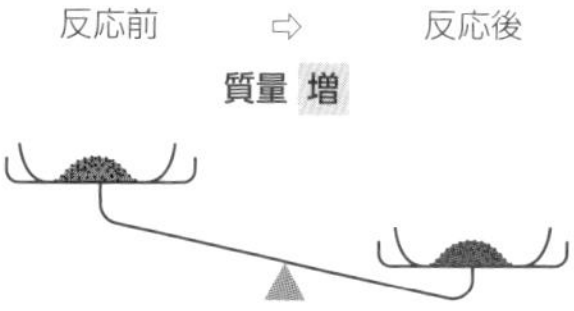

❸ 化学変化と熱

▶**発熱反応《はつねつはんのう》**…熱を〔①　　　〕する化学変化。

▶**吸熱反応《きゅうねつはんのう》**…熱を〔②　　　〕する化学変化。

●鉄粉《てっぷん》と活性炭《かっせいたん》を混ぜて食塩水を加える反応は〔③　　　〕反応。

●水酸化バリウムに塩化アンモニウムを加える反応は〔④　　　〕反応。

ミス注意 加熱回数と質量

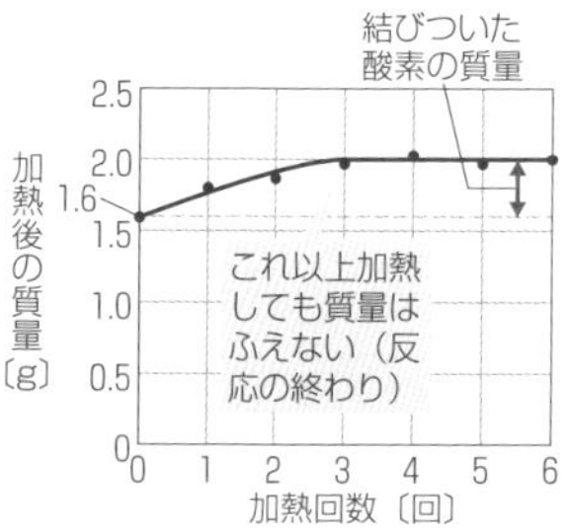

実力完成テスト

＊解答と解説…別冊 p.17
＊時　間………10分

得点
点／50点

1 銅の粉末《ふんまつ》をステンレス皿にとってはかり、加熱前の全体の質量としました。次に、**図1**のようにして十分に加熱したあと、加熱後の全体の質量をはかりました。表は銅の粉末の質量をいろいろ変えて行った結果です。次の問いに答えなさい。〈5点×4〉

図1

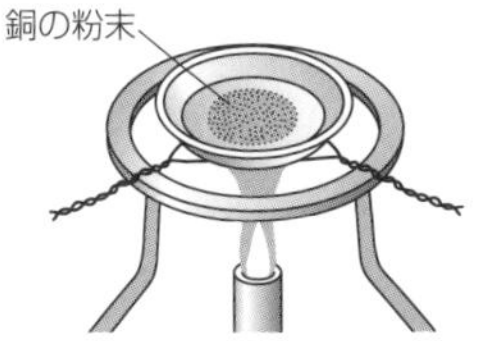

銅の質量〔g〕	0.4	0.8	1.2	1.6
加熱前の全体の質量〔g〕	21.9	22.3	22.7	23.1
加熱後の全体の質量〔g〕	22.0	22.5	23.0	23.5

図2

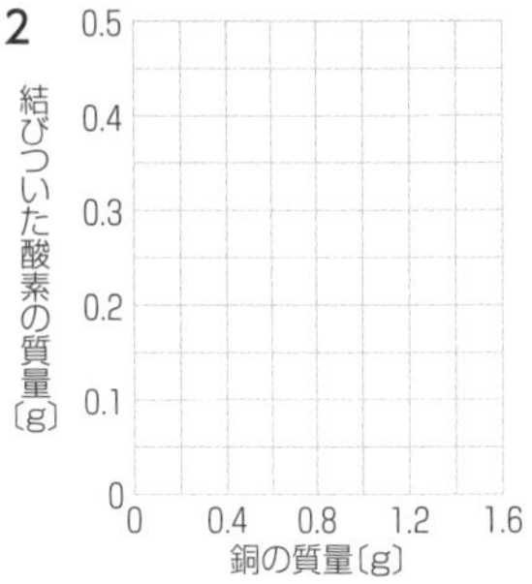

(1) 結果の表をもとに、**図2**に、銅の質量と結びついた酸素の質量の関係をグラフに表しなさい。

(2) 2.4 g の銅を十分に加熱すると、得られる酸化銅の質量は何gと考えられますか。〔　　　〕

(3) 銅と、加熱して得られる酸化銅の質量の比は何：何になりますか。最も簡単な整数の比で答えなさい。〔　　　〕

(4) 銅と酸素が結びつく化学変化を化学反応式で表しなさい。

〔　　　　　　　　〕

2 図のような容器《ようき》に炭酸水素ナトリウムとうすい塩酸を入れて密閉《みっぺい》し、容器全体の質量をはかりました。次に容器を傾《かたむ》けて反応させ、気泡《きほう》が発生したあと、密閉したまま再び容器全体の質量をはかりました。次の問いに答えなさい。〈(1)(4)5点×2、(2)(3)4点×2〉

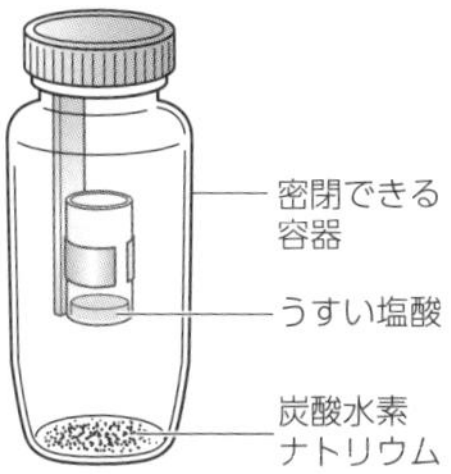

(1) この反応で発生する気体を化学式で書きなさい。〔　　　〕

(2) 反応前の容器全体の質量を x、反応後の容器全体の質量を y としたとき、x と y の関係として正しいものを次の**ア〜ウ**から1つ選び記号で答えなさい。

ア $x=y$　**イ** $x<y$　**ウ** $x>y$　〔　　　〕

(3) (2)のような関係になる法則を何といいますか。〔　　　〕

(4) 実験のあと、容器のふたを開いてふたをふくめた容器全体の質量をはかると、質量が減少していました。その理由を簡単に書きなさい。〔　　　　　　　　〕

3 図のように、2種類の実験**A**、**B**を行いました。次の問いに答えなさい。〈4点×3〉

実験A ビーカーに鉄粉と活性炭《かっせいたん》を入れて食塩水を加えた。

実験B ビーカーに塩化アンモニウムと水酸化バリウムを入れてガラス棒でかき混ぜた。

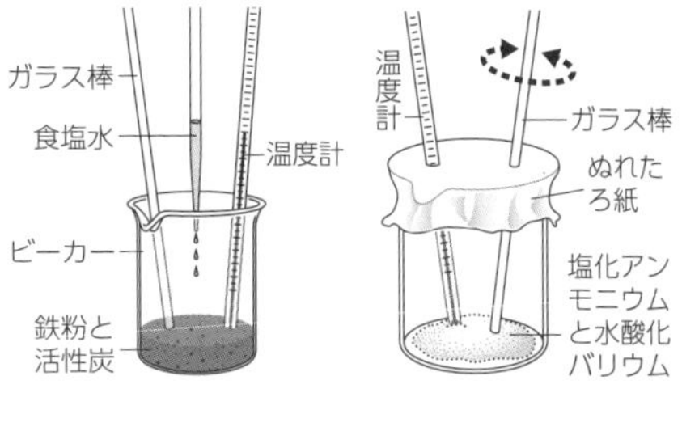

(1) 実験**A**、**B**のうち、周囲から熱をうばう反応はどちらですか。〔　　　〕

(2) 実験**A**で、鉄粉《てっぷん》が酸素と結びつく化学変化を何といいますか。〔　　　〕

(3) 実験**B**で発生する気体は何ですか。名称《めいしょう》を書きなさい。〔　　　〕

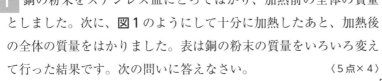

理科 6日目

植物の種類と生活

基礎の確認

●文中の〔　〕に適するものを書いたり、選んだりしましょう。（解答▶別冊 p.17）

❶ 生物の観察

▶**ルーペの使い方**…ルーペは〔①　　〕に近づけて持ち、観察するものを動かしてピントを合わせる。動かせないときは〔②　　〕を前後に動かす。

▶**顕微鏡《けんびきょう》の使い方**

1）まず先に、〔③　　　〕**レンズ**をとりつける。

2）〔④　　　　〕と〔⑤　　　　〕を調節して視野《しや》を明るくする。

3）横から見て〔⑥　　　〕ねじを回し、対物《たいぶつ》レンズとプレパラートを近づける。

4）〔⑦　　　〕**レンズ**をのぞき、対物レンズを遠ざけながらピントを合わせる。

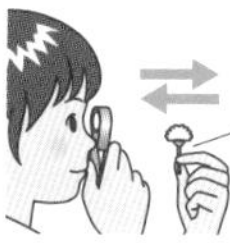

ミス注意　顕微鏡の倍率の求め方

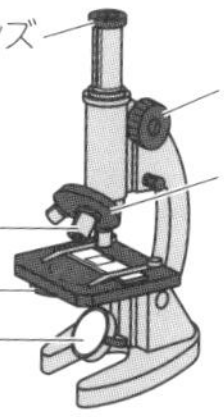

顕微鏡の倍率 ＝ 接眼レンズの倍率 × 対物レンズの倍率

❷ 植物のからだのつくり

▶**受粉《じゅふん》**…花粉《かふん》がめしべの〔①　　　　〕につくこと。

▶**被子植物《ひししょくぶつ》**…〔②　　　　〕が**子房《しぼう》**の中にある植物。受粉後、②は種子《しゅし》に、子房は〔③　　　　〕になる。

▶**裸子植物《らししょくぶつ》**…子房がなく、〔④　　　　〕がむき出しになっている植物。

▶**根・茎《くき》・葉のつくり**…茎には**葉脈《ようみゃく》**とつながった**道管《どうかん》**と**師管《しかん》**の集まりである〔⑤　　　　〕が通る。

花のつくりと果実の関係

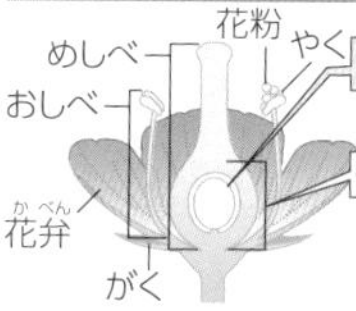

マツの花のつくり

	根	茎	葉
単子葉類《たんしようるい》	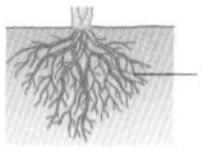 ひげ根《ね》	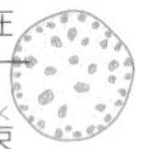 散在 維管束《いかんそく》	〔⑧　　　〕  葉脈
双子葉類《そうしようるい》	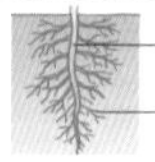 〔⑥　　　〕 〔⑦　　　〕	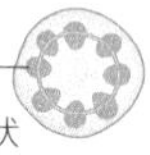 輪状	網状脈《もうじょうみゃく》 

❸ 植物のはたらき

▶**光合成《こうごうせい》**…葉の〔①　　　　〕で光を受けて、〔②　　〕と〔③　　　　〕から**デンプンなど**と**酸素**をつくるはたらき。

▶**呼吸《こきゅう》**…おもに葉の〔④　　　　〕という穴《あな》から〔⑤　　　　〕をとり入れ、〔⑥　　　　〕を出すはたらき。

▶**蒸散《じょうさん》**…植物のからだから水が〔⑦　　　〕となって**気孔《きこう》**から放出されること。気孔は葉の〔⑧ 表側・裏側《うらがわ》〕に多い。

ミス注意　双子葉類の茎の維管束《いかんそく》

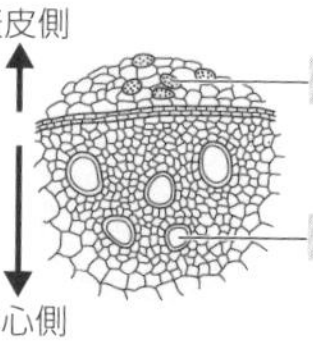

❹ 植物の分類

▶種子をつくらない植物には、**根・茎・葉**の区別がある〔①　　　　〕と、区別がない**コケ植物**があり、〔②　　　〕でふえる。

- 植物
  - 種子をつくる植物（種子植物）
    - 胚珠がむき出し。 **裸子植物**（マツ・スギ・イチョウ・ソテツ など）
    - 胚珠が子房の中にある。 **被子植物**
      - 子葉が１枚。〔③　　　　〕（イネ・トウモロコシ・ユリ など）
      - 子葉が２枚。 **双子葉類**
        - **合弁花類《ごうべんかるい》** 花弁がくっついている。（アサガオ・ツツジ など）
        - **離弁花類《りべんかるい》** 花弁が離れている。（アブラナ・サクラ など）
  - 種子をつくらない植物（胞子《ほうし》でなかまをふやす。）
    - 根・茎・葉の区別がある。 **シダ植物**（ワラビ・イヌワラビ・ゼンマイ・トクサ など） 参考
    - 根・茎・葉の区別がない。 **コケ植物**（ゼニゴケ・スギゴケ など）

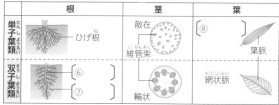

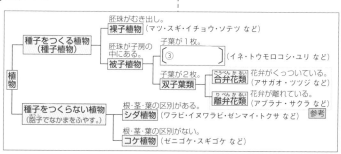

実力完成テスト

＊解答と解説…別冊 p.17
＊時　間………10分

得点　　　点／50点

1

図1のような顕微鏡で小さな生物を観察しました。次の問いに答えなさい。〈4点×4〉

図1

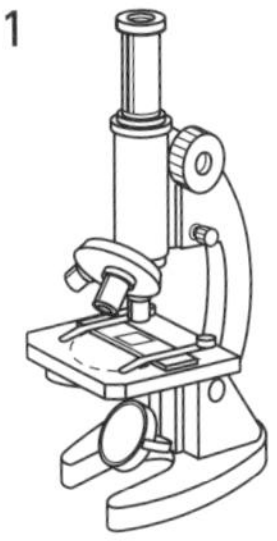

(1) 接眼《せつがん》レンズの倍率が15倍のものを用いて、観察するものを60倍で観察したいとき、対物《たいぶつ》レンズは何倍のものを用いればよいですか。〔　　　〕

(2) 顕微鏡の倍率を高くしたときの視野のようすについて述べた次の文の①、②にあてはまる語句を書きなさい。①〔　　　〕②〔　　　〕

倍率を高くすると視野は［　①　］なり、明るさは［　②　］なる。

図2

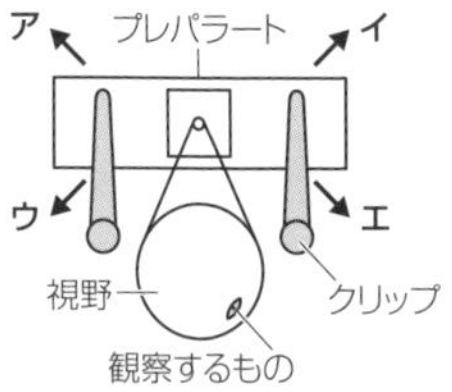

(3) **図2**のように、観察するものが視野の右下に見えました。観察するものを視野の中央に動かしたいとき、プレパラートを**ア**〜**エ**のどの方向に動かせばよいですか。〔　　〕

2

息をふきこんで緑色に調整したBTB溶液《ようえき》を試験管**ア**〜**エ**に入れ、図のように、**ア**、**イ**にはオオカナダモを入れ、**イ**、**エ**は全体をアルミニウムはくでおおいました。これらを日光に当てたところ、溶液の色が**ア**は青色に、**イ**は黄色に変化し、**ウ**、**エ**は変化がありませんでした。次の問いに答えなさい。〈4点×5〉

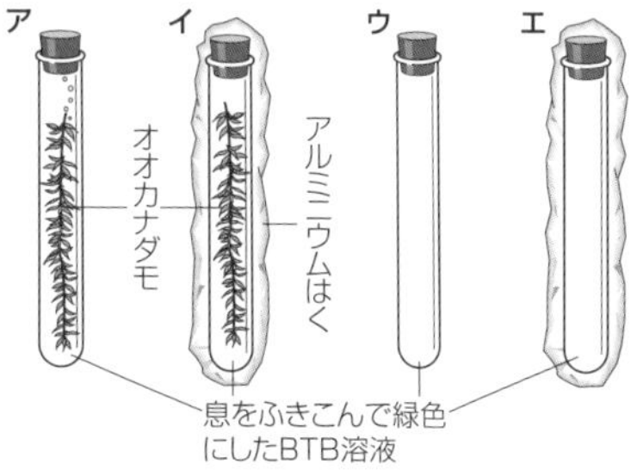

(1) **ア**の試験管で①ふえた気体、②減った気体はそれぞれ何ですか。①〔　　　〕②〔　　　〕

(2) **イ**の試験管が黄色に変わったのはなぜですか。植物のはたらきにふれて、簡単に書きなさい。
〔　　　　　　　　　　〕

(3) **エ**の試験管を用意したのはなぜですか。簡単に書きなさい。
〔　　　　　　　　　　〕

(4) この実験で、植物の光合成は日光が当たると行われることは、どの試験管とどの試験管を比べるとわかりますか。試験管〔　　と　　〕

3

図のように、［　　］の植物を分類しました。次の問いに答えなさい。〈(1)(2)2点×3、(3)(4)4点×2〉

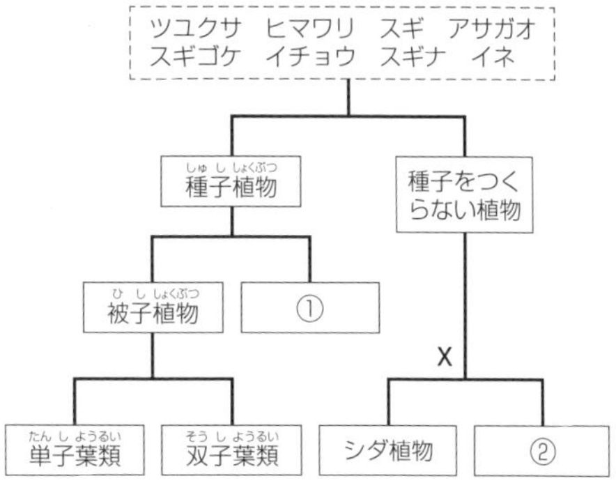

(1) 図の「種子をつくらない植物」は何でなかまをふやしますか。〔　　　〕

(2) 図の①、②にあてはまる名称《めいしょう》を書きなさい。①〔　　　〕②〔　　　〕

(3) 図の単子葉類に分類される［　　］の中の植物をすべて選び、書きなさい。〔　　　〕

(4) 図の**X**の分類の観点を簡単に書きなさい。〔　　　　　　〕

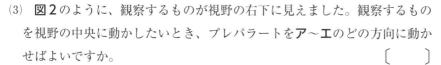

理科

7日目 動物の種類と生活

基礎の確認

●文中の〔　　〕に適するものを書きましょう。（解答▶別冊 p.18）

1 生物のからだと細胞《さいぼう》

▶**細胞と生物**…単細胞生物《たんさいぼうせいぶつ》と〔①　　　　〕生物がいる。動物と植物に共通な細胞のつくりは〔②　　　〕と〔③　　　〕である。

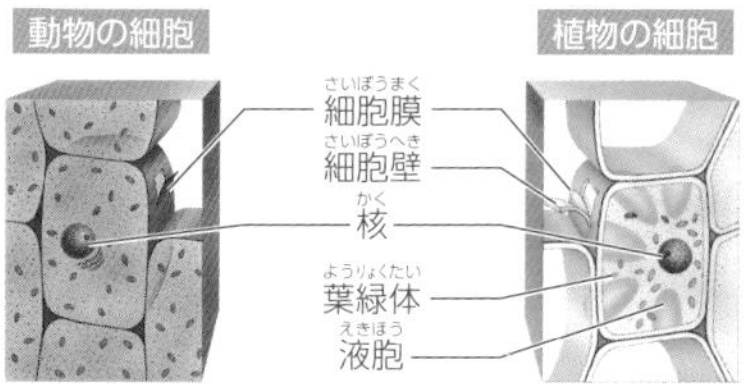

くわしく 細胞のつくり
細胞の核と細胞壁以外の部分をまとめて**細胞質**《さいぼうしつ》という。

2 刺激《しげき》と反応

▶**感覚器官**《かんかくきかん》…目や耳など。目は〔①　　　〕で光の刺激を受けとる。耳は**鼓膜**《こまく》で音の〔②　　　〕をとらえる。

▶**刺激から反応まで**…皮膚《ひふ》で受けた刺激と命令の信号は、**感覚器官**（皮膚）→〔③　　　〕**神経**《しんけい》→**脊髄**《せきずい》→〔④　　　〕→**脊髄**→〔⑤　　　〕**神経**→**運動器官**《うんどうきかん》　と伝わる。

▶**反射**《はんしゃ》…刺激に対して無意識に起こる反応。刺激と命令の信号の経路は、**感覚器官**→**感覚神経**→〔⑥　　　〕→**運動神経**→**運動器官**

くわしく うでの運動のしくみ

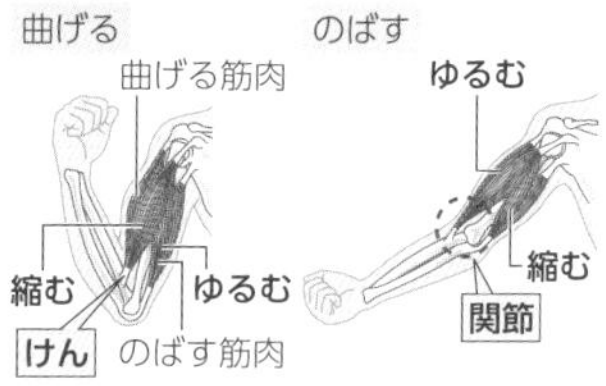

3 動物のからだのはたらき

▶**消化**《しょうか》…**消化液**《しょうかえき》にふくまれる〔①　　　　〕によって、栄養分を吸収《きゅうしゅう》しやすい物質《ぶっしつ》に変える。

▶**栄養分の吸収**…小腸の内壁《ないへき》にある〔②　　　〕から吸収される。

▶**血液の循環**《じゅんかん》…〔③　　　〕と**体循環**《たいじゅんかん》がある。

▶**血液の成分**…固体は、赤い〔④　　　　〕という物質が酸素を運ぶ**赤血球**《せっけっきゅう》、**白血球**《はっけっきゅう》、**血小板**《けっしょうばん》。液体の〔⑤　　　　〕は、栄養分や不要物を運び、**毛細血管**《もうさいけっかん》からしみ出て〔⑥　　　〕になる。

▶**呼吸**《こきゅう》**のしくみ**…肺の多数の〔⑦　　　〕で、気体交換《こうかん》している。

▶**排出**《はいしゅつ》**のしくみ**…〔⑧　　　〕でアンモニアを尿素《にょうそ》に変え、〔⑨　　　〕で不要な**尿素**《にょうそ》などをこし出して尿をつくる。

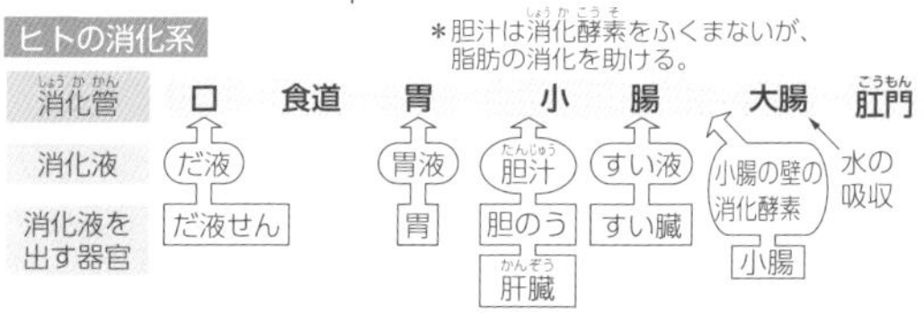

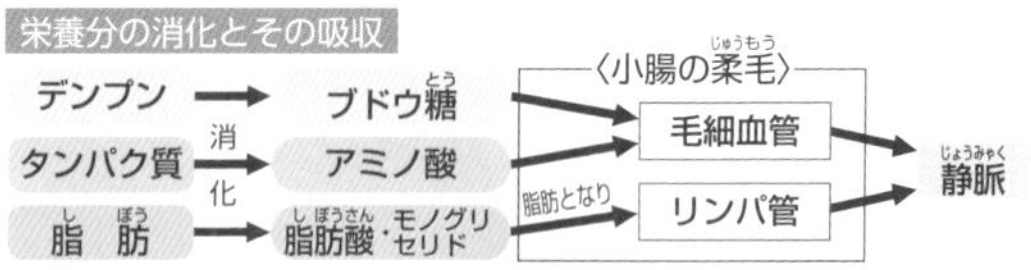

くわしく ヒトの血液の循環

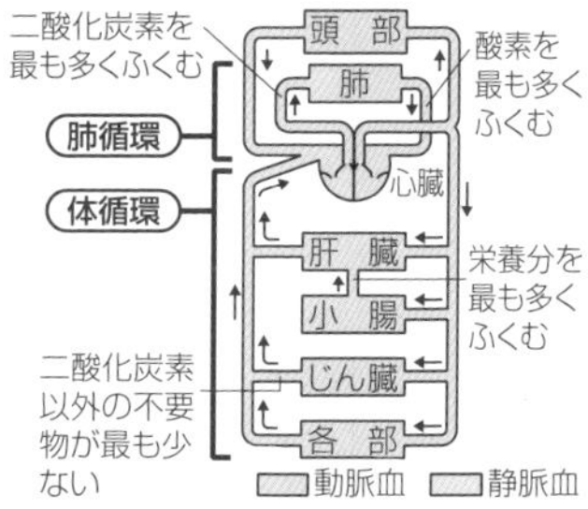

4 動物の分類

▶**脊椎動物**《せきついどうぶつ》…〔①　　　　〕がある動物。5種類に分けられる。

▶**無脊椎動物**《むせきついどうぶつ》…〔②　　　　〕がない動物。

●**節足動物**《せっそくどうぶつ》…からだに節《ふし》があり、〔③　　　　〕でおおわれている。**甲殻類**《こうかくるい》とトンボなどの〔④　　　　〕**類**がいる。

●**軟体動物**《なんたいどうぶつ》…内臓《ないぞう》が〔⑤　　　　〕でおおわれている。イカなど。

	呼 吸	体表のようす	なかまのふやし方
魚《ぎょ》　類《るい》	え　ら	うろこ	卵《らん》　生《せい》（水中）
両生類《りょうせいるい》	子:えらと皮膚 親:肺と皮膚	しめった皮膚《ひふ》	
は虫類《ちゅうるい》	肺	うろこ	卵　生（陸上）
鳥《ちょう》　類《るい》		羽《う》　毛《もう》	
哺乳類《ほにゅうるい》		毛	胎《たい》　生《せい》

実力完成テスト

＊解答と解説…別冊 p.18
＊時　間………10分

得点　　点／50点

1

図1のように、ものさしが落ちるのを見てつかむまでにものさしが落ちた距離《きょり》を測定し、表にまとめました。図2は、落ちた距離と落ちるのに要する時間との関係のグラフです。次の問いに答えなさい。〈4点×4〉

図1

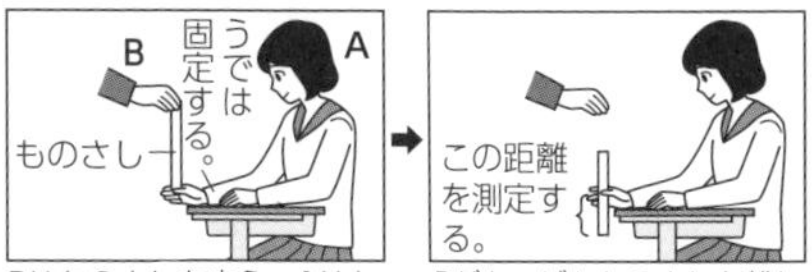

Bはものさしを支え，Aはものさしにふれないように，0目盛りの位置に指をそえる。

Bがとつぜんものさしを離したとき，Aがものさしをどこでつかめるかを調べる。

回数〔回〕	1	2	3	4	5
測定距離〔cm〕	18.5	19.2	19.3	18.8	19.2

図2

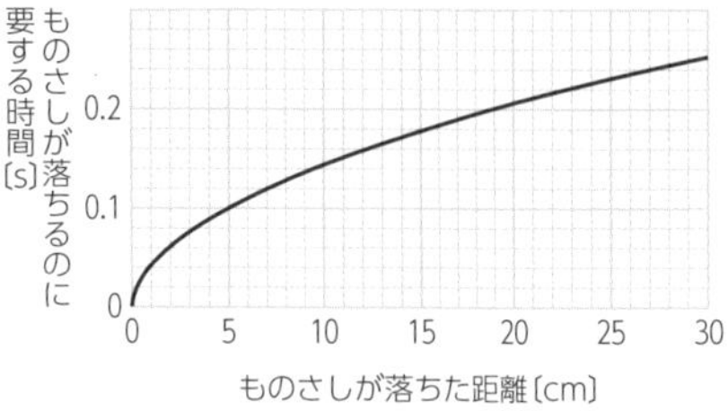

(1)　測定距離の平均から、ものさしが落ちるのを見てからつかむまでにかかる時間は何秒ですか。〔　　　　〕

(2)　ものさしが落ちるのを見てからつかむ反応が起こるまでの刺激や命令の信号が伝わる経路を示した次の①、②にあてはまる語句を書きなさい。

①〔　　　　　　〕　②〔　　　　　　〕

目→［　①　］→脳《のう》→［　②　］→運動神経→手の筋肉

(3)　この実験とちがい、だ液が出るなどの無意識に起こる反応を何といいますか。〔　　　　〕

2

図は、ヒトの血液の循環《じゅんかん》を正面《しょうめん》から見て模式的に表したものです。次の問いに答えなさい。〈4点×3〉

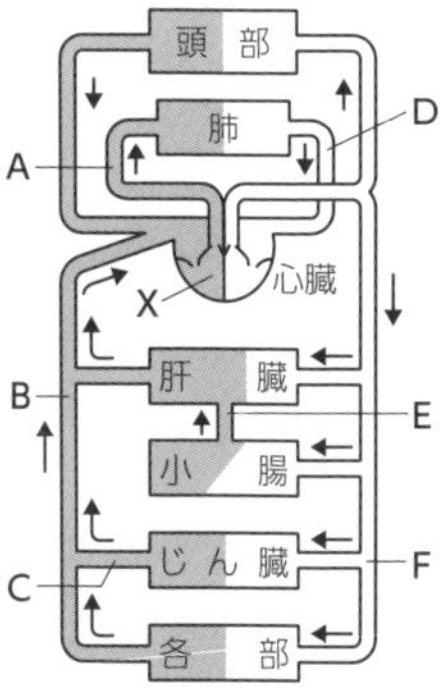

(1)　図の心臓《しんぞう》のXの部屋を何といいますか。〔　　　　〕

(2)　二酸化炭素が最も多くふくまれる血液が通っている血管は、A～Fのうちのどの血管ですか。〔　　〕

(3)　流れる血液にふくまれる尿素の割合が最も小さい血管は、A～Fのうちのどの血管ですか。〔　　〕

3

ヒトの呼吸のしくみを調べるために、図のような肺《はい》の模型をつくりました。次の問いに答えなさい。〈2点×2〉

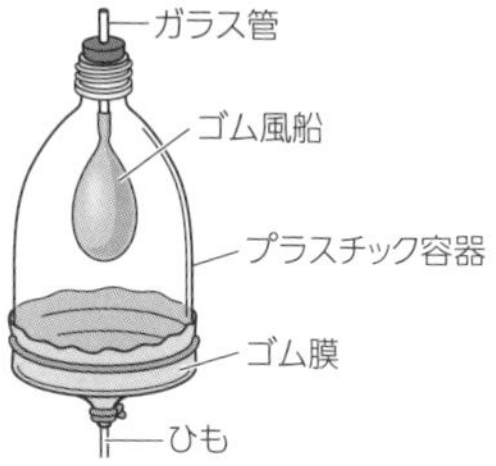

(1)　図の模型の中で、肺にあたるものはどれですか。〔　　　　〕

(2)　ヒトが息を吸《す》うときの肺のようすを表しているのは、ひもを引いたときですか、ゴム膜《まく》を押《お》したときですか。〔　　　　〕

4

図の動物の分類について、次の問いに答えなさい。〈3点×6〉

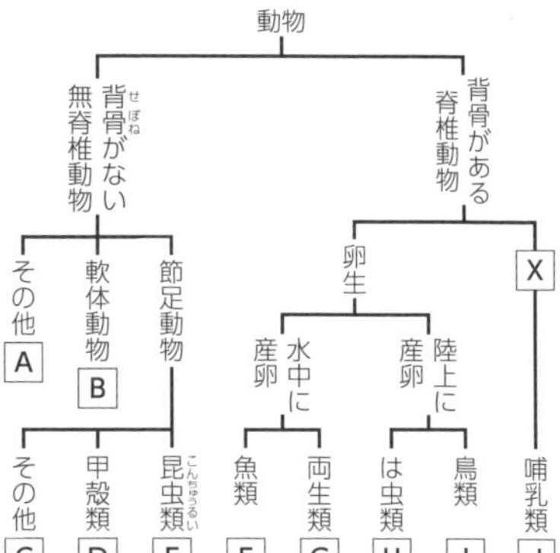

(1)　Xにあてはまる特徴《とくちょう》を図にならって書きなさい。〔　　　　〕

(2)　軟体動物のなかまの内臓をおおっている膜を何といいますか。

〔　　　　〕

(3)　両生類の親と子の呼吸のしかたのちがいを簡単に書きなさい。

〔　　　　　　　　　　　　〕

(4)　次の動物は、それぞれA～Jのどこに分類されますか。

①ミジンコ〔　　〕　②ヤモリ〔　　〕　③クモ〔　　〕

理科

8日目

大地の変化

基礎の確認

●文中の〔　　〕に適するものを書いたり、選んだりしましょう。（ 解答▶別冊 p.18 ）

❶ 地層《ちそう》と堆積岩《たいせきがん》

▶**流水のはたらき**…川岸をけずる〔①　　　〕作用、運ぶ〔②　　　〕作用、積もらせる〔③　　　〕作用の３つ。**れき・砂・泥《どろ》**のうち、河口近くには〔④　　　〕、沖合《おきあい》には〔⑤　　　〕が積もる。

▶**堆積岩《たいせきがん》**…れき岩《がん》・砂岩《さがん》・泥岩《でいがん》の岩石をつくる粒《つぶ》は〔⑥　　　〕を帯びる。

▶**化石《かせき》**…堆積岩にふくまれることがある。

●**示相化石《しそうかせき》**…地層が堆積した当時の〔⑦　　　〕がわかる。

●**示準化石《しじゅんかせき》**…地層が堆積した〔⑧　　　〕がわかる。

くわしく 堆積岩の種類

おもな堆積物	堆積岩
岩石などの破片《はへん》	れき岩・砂岩・泥岩
生物の遺《い》がい	石灰岩《せっかいがん》・チャート
火山噴出物《かざんふんしゅつぶつ》	凝灰岩《ぎょうかいがん》

くわしく おもな示準化石《しじゅんかせき》

古生代《こせいだい》	フズリナ、サンヨウチュウ
中生代《ちゅうせいだい》	アンモナイト、恐竜《きょうりゅう》
新生代《しんせいだい》	ナウマンゾウ、ビカリア

❷ 火山と火成岩《かせいがん》

▶**マグマと火山**…〔①　　　〕のねばりけが弱いほど、噴火《ふんか》のようすは〔② おだやかで・激《はげ》しく〕、火山噴出物の色は〔③ 黒っぽく　白っぽく〕、〔④　　　〕形の火山になる。

▶**火山の恩恵《おんけい》と災害**…温泉や〔⑤　　　〕発電の恩恵の一方、火山ガスや広い範囲《はんい》に降る〔⑥　　　〕などの被害《ひがい》。

▶**火成岩《かせいがん》**…〔⑦　　　〕が冷え固まった岩石。火山岩《かざんがん》と深成岩《しんせいがん》がある。

●**火山岩**…地表付近でできる。**石基《せっき》**の中に〔⑧　　　〕が散らばっている〔⑨　　　〕**組織《そしき》**というつくり。

●**深成岩**…地下深くでできる。〔⑩　　　〕**組織《そしき》**というつくり。

▶**鉱物《こうぶつ》**…長石《ちょうせき》と〔⑪　　　〕は**無色鉱物《むしょくこうぶつ》**で、ほかは**有色鉱物《ゆうしょくこうぶつ》**。

マグマの性質と火山の形

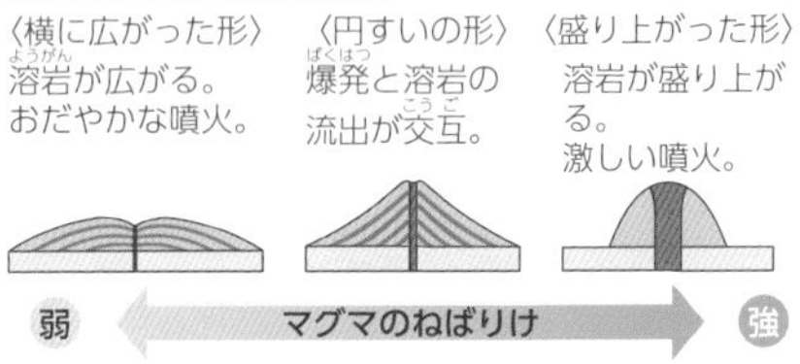

くわしく 火山の形とその例

●**横に広がった形**…マウナロア、キラウエアなど。

●**円すいの形**…桜島《さくらじま》、三原山《みはらやま》、浅《あさ》間山《まやま》など。

●**盛り上がった形**…有珠山《うすざん》、昭和《しょうわ》新山《しんざん》、雲仙普賢岳《うんぜんふげんだけ》など。

❸ 地震《じしん》

▶**地震のゆれ**…**P波《ピーは》**と**S波《エスは》**によって伝わる。

●**初期微動《しょきびどう》**…〔①　　　〕波による最初のゆれ。

●**主要動《しゅようどう》**…〔②　　　〕波によるあとに続く大きなゆれ。

●**初期微動継続時間《けいぞくじかん》**…P波が届いてからS波が届くまでの時間。震源《しんげん》からの距離《きょり》に〔③ 比例・反比例〕して長くなる。

▶**日本列島の地震**…海洋プレートと〔④　　　〕プレートの境で起こる**海溝型《かいこうがた》地震**や、**活断層《かつだんそう》**などによって起こる〔⑤　　　〕**地震**がある。

▶**地層にはたらく力**…**断層《だんそう》**や地層が押《お》し曲《ま》げられた〔⑥　　　〕。

▶**災害**…建物の倒壊《とうかい》、**津波《つなみ》**、地面が軟弱《なんじゃく》になる〔⑦　　　〕など。

地震計の記録

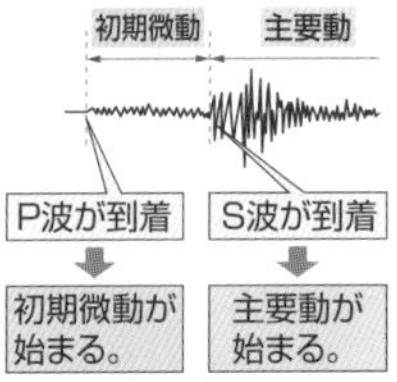

初期微動継続時間と震源からの距離

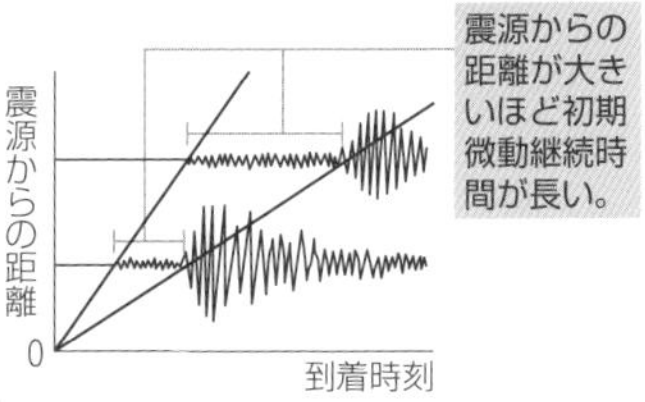

くわしく 断層としゅう曲

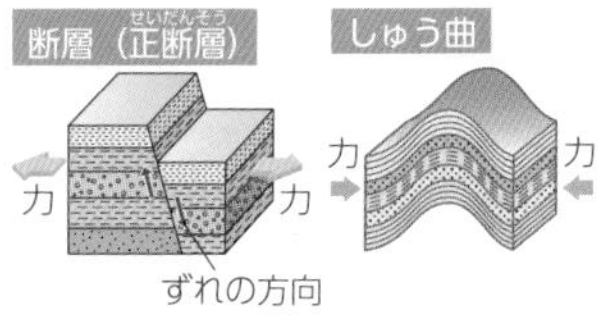

実力完成テスト

＊解答と解説…別冊 p.18
＊時　間………10分

得点　　点／50点

1 図のような地層について、次の問いに答えなさい。〈4点×4〉

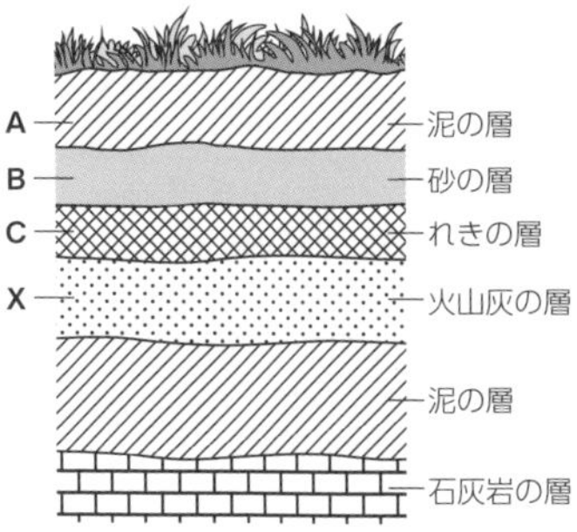

(1) 泥・砂・れきは、何で区別されますか。〔　　〕

(2) Xの層が堆積した当時、どのようなことが起こりましたか。〔　　〕

(3) 図のA～Cが海底で堆積したとき、海の深さはどのように変化しましたか。簡単に書きなさい。〔　　〕

(4) 図の石灰岩の層からサンゴの化石が発見されました。この層ができた当時はどのような環境《かんきょう》でしたか。簡単に書きなさい。〔　　〕

2 異なる火山から採取した岩石A、Bを顕微鏡《けんびきょう》で観察して、図1、2のようにスケッチしました。図2の岩石は全体的に白っぽい色をしていました。次の問いに答えなさい。〈4点×4〉

図1

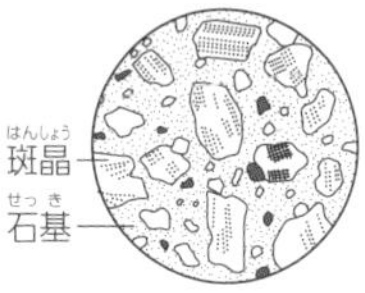

図2

(1) 図1のような火成岩のつくりを何といいますか。また、どのようなでき方をした岩石ですか。簡単に書きなさい。
つくり〔　　〕　でき方〔　　〕

(2) 図1、2の岩石は、安山岩《あんざんがん》か花《か》こう岩《がん》です。図2の岩石はどちらですか。〔　　〕

(3) 図2の岩石をつくったマグマが噴火してできた火山の形として最も適当なものを、次のア～ウから選び、記号で答えなさい。〔　　〕

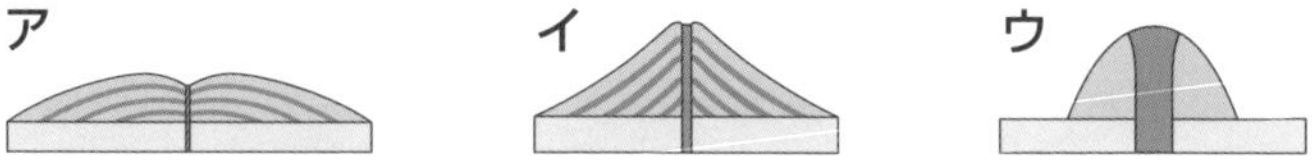

3 図は、ある地震のP波とS波の到着《とうちゃく》時刻を各地の地震計で測定した結果です。次の問いに答えなさい。〈(1)(2)3点×2、(3)～(5)4点×3〉

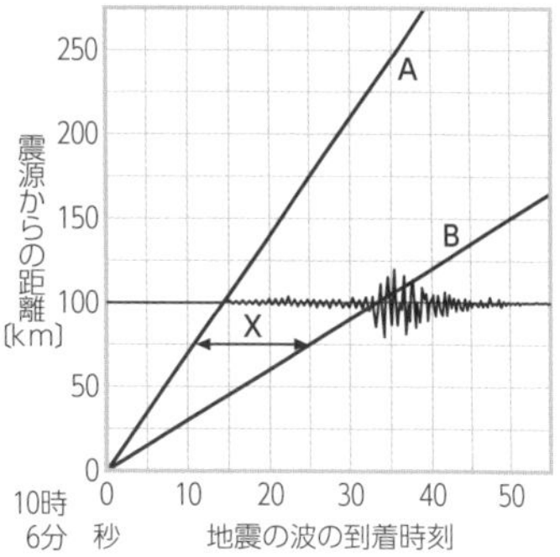

(1) 主要動を起こす波を表したグラフはA・Bのどちらですか。〔　　〕

(2) Xで示された時間を何といいますか。〔　　〕

(3) P波の速さは何km/sですか。〔　　〕

(4) 震源からの距離が196 kmの地点にP波が到達《とうたつ》するのは地震発生から何秒後ですか。〔　　〕

(5) 地震発生から7秒後に緊急地震速報《きんきゅうじしんそくほう》が出されました。震源からの距離が150 kmの地点では、緊急地震速報が出されてから何秒後に主要動が起こりますか。ただし、緊急地震速報は、出されたと同時に各地に伝わったものとします。〔　　〕

9日目 天気とその変化

基礎の確認

●文中の〔　　〕に適するものを書いたり、選んだりしましょう。 （解答▶別冊 p.19）

① 気象《きしょう》の観測

▶**圧力《あつりょく》**…1 m^2 の面積を垂直に押《お》す力。

圧力〔Pa《パスカル》〕＝ 面を垂直に押す力〔N〕 ／ 力がはたらく面積〔m^2〕

・底面積が 3 m^2 の 12 N の物体《ぶったい》が床《ゆか》におよぼす圧力は〔①　　　〕Pa

▶**大気圧《たいきあつ》（気圧《きあつ》）**…〔②　　　〕がおよぼす圧力。海面で約 1013hPa《ヘクトパスカル》。

▶**露点《ろてん》**…空気中の〔③　　　〕が凝結《ぎょうけつ》して水滴《すいてき》に変わるときの温度。

空気中の水蒸気量が少ないほど露点は〔④ 高い・低い〕。

▶**飽和水蒸気量《ほうわすいじょうきりょう》**…空気 1 m^3 がふくむことができる最大の水蒸気量。

▶**湿度《しつど》**…空気のしめりぐあい。露点の空気の湿度は〔⑤ 0・100〕%。

湿度〔%〕＝ 1 m^3 の空気にふくまれる水蒸気量〔g/m^3〕 ／ その空気と同じ気温での〔⑥　　　〕〔g/m^3〕 ×100

② 雲のでき方と前線《ぜんせん》

▶**雲のでき方**…空気が上昇《じょうしょう》すると〔① 収縮《しゅうしゅく》・膨張《ぼうちょう》〕して温度が〔② 上がり・下がり〕、水蒸気が〔③　　　〕して雲ができる。

▶**高気圧と低気圧**…**低気圧《ていきあつ》**の中心付近では〔④　　　〕**気流《きりゅう》**、**高気圧《こうきあつ》**の中心付近では〔⑤　　　〕**気流**が生じる。

▶**温帯《おんたい》低気圧**…中緯度帯《ちゅういどたい》に発生する〔⑥　　　〕をともなう低気圧。

▶**寒冷前線《かんれいぜんせん》**の通過時は、強いにわか雨が降り、通過後〔⑦ 北・南〕寄りの風に変わって、気温が〔⑧ 上・下〕がる。

温暖前線《おんだんぜんせん》の通過時は、おだやかな雨が長時間降り続き、通過後〔⑨ 北・南〕寄りの風に変わって、気温が〔⑩ 上・下〕がる。

③ 日本の天気と大気の循環《じゅんかん》

▶**気団《きだん》**…〔①　　　〕や湿度がほぼ一様な大きな空気のかたまり。

- **シベリア気団**…〔② 春・夏・秋・冬〕に発達。乾燥《かんそう》して冷たい。
- **小笠原《おがさわら》気団**…〔③ 春・夏・秋・冬〕に発達。しめってあたたかい。
- **オホーツク海《かい》気団**…6月や9月に発達。しめって冷たい。

▶**天気の移り変わり**…上空をふく〔④　　　〕の影響《えいきょう》による。

▶**日本の季節の天気**

- **冬**…**西高東低《せいこうとうてい》**の気圧配置、〔⑤ 南東・北西〕の季節風《きせつふう》。
- **夏**…**南高北低《なんこうほくてい》**の気圧配置、〔⑥ 南東・北西〕の季節風。
- **春・秋**…**移動性《いどうせい》**〔⑦　　　〕と〔⑧　　　〕が交互《こうご》に通過。
- **つゆ（梅雨《ばいう》）・秋雨《あきさめ》**…夏の前に〔⑨　　　〕**前線《ぜんせん》**、後に**秋雨前線《あきさめぜんせん》**が発生。

停滞前線

くわしく 天気図記号

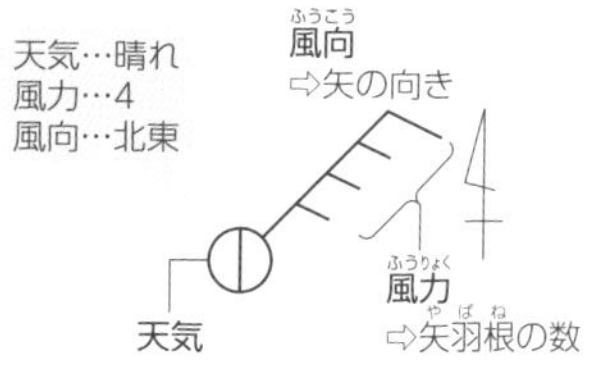

くわしく 雲のできるしくみ

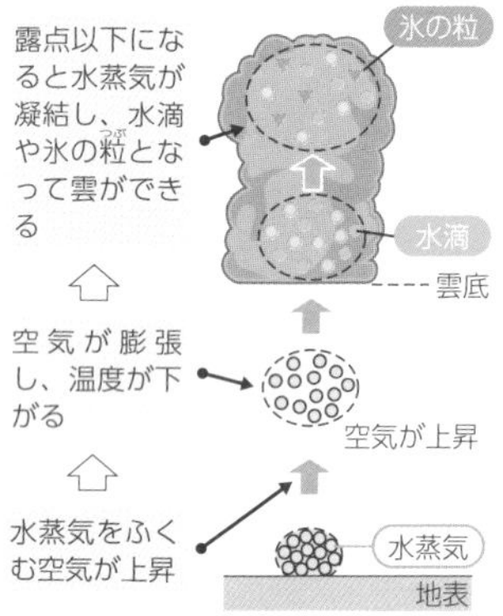

くわしく 高気圧と低気圧

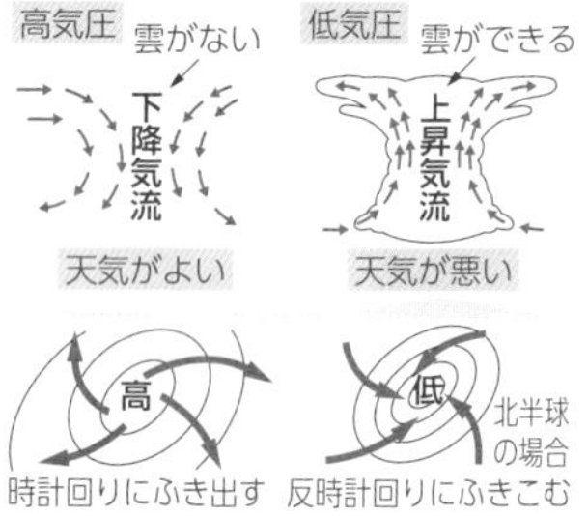

くわしく 季節風のふき方

〈冬の季節風〉

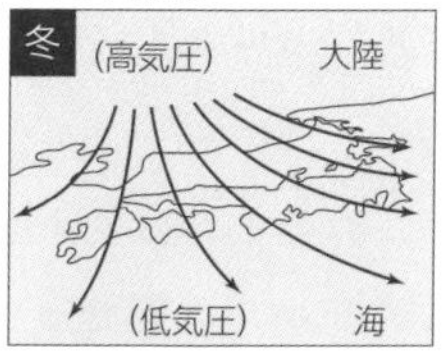

〈夏の季節風〉

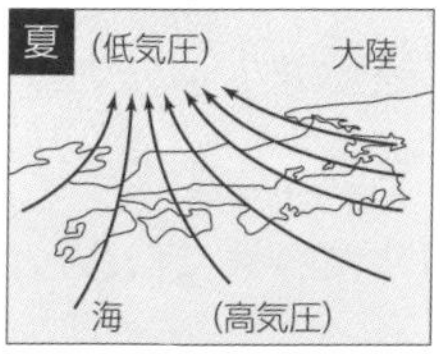

実力完成テスト

＊解答と解説…別冊 p.19
＊時　間………10分

得点　　点／50点

1 図は、5月6日～7日にかけて気象観測した結果です。次の問いに答えなさい。〈3点×6〉

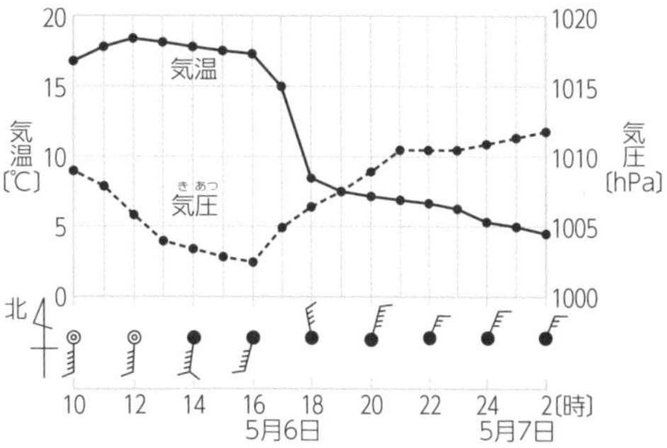

(1) 5月6日10時の天気・風向《ふうこう》・風力《ふうりょく》を書きなさい。

天気〔　　　　〕 風向〔　　　〕 風力〔　　　〕

(2) 16時～18時の間に、ある前線が通過しました。通過した前線の名称《めいしょう》を書きなさい。また、そのように判断した理由を簡単に書きなさい。

前線の名称〔　　　　〕 理由〔　　　　　　　　　　　　　　　　〕

(3) (2)で通過した前線を表す記号として正しいものを、次の**ア**～**エ**から1つ選び、記号で答えなさい。

ア 　**イ**  　**ウ**  　**エ**  　〔　　〕

2 **図1**は理科室の乾湿計《かんしつけい》の目盛り、**図2**は湿度表《しつどひょう》の一部です。次の問いに答えなさい。〈4点×3〉

(1) このときの理科室の気温は何℃ですか。〔　　　〕

(2) このときの理科室の湿度は何%ですか。〔　　　〕

(3) 理科室の空気1 m^3 中にふくまれる水蒸気量は何gですか。右の気温と飽和水蒸気量の関係の表を用いて、答えを四捨五入して整数で求めなさい。

〔　　　〕

図1

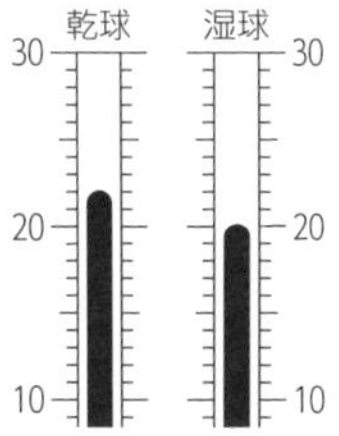

図2

乾球の示度〔℃〕	乾球と湿球の示度《しど》の差〔℃〕 0	1.0	2.0	3.0	4.0
25	100	92	84	76	68
24	100	91	83	75	68
23	100	91	83	75	67
22	100	91	82	74	66
21	100	91	82	73	65
20	100	91	81	73	64
19	100	90	81	72	63
18	100	90	80	71	62

気温〔℃〕	19	20	21	22	23	24	25	26
飽和水蒸気量〔g/m^3〕	16.3	17.3	18.3	19.4	20.6	21.8	23.1	24.4

3 丸底フラスコの内部を水でぬらし、線香《せんこう》のけむりを入れてから、図のように大型注射器をとりつけた装置をつくり、ピストンを引いたり押したりしてフラスコの中のようすを調べました。次の問いに答えなさい。〈4点×5〉

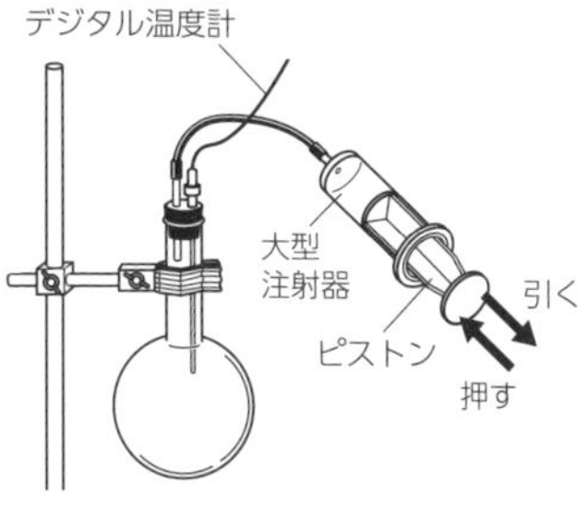

(1) フラスコの内部が白くくもるのは、ピストンを押したときですか、引いたときですか。〔　　　　〕

(2) ピストンを引いたとき、デジタル温度計の示す値《あたい》はどうなりますか。〔　　　　〕

(3) 次の文は、この実験からわかる雲のでき方について述べたものです。①、②にあてはまる語句を書きなさい。

①〔　　　　〕 ②〔　　　　〕

空気が上昇すると［　①　］して温度が下がり、［　②　］に達し、水蒸気が凝結して雲ができる。

(4) 実際に雲ができやすいのは、次の**ア**～**オ**のうちどれですか。あてはまるものをすべて選び、記号で答えなさい。〔　　　　　　〕

ア 風が山の斜面《しゃめん》を上るとき　**イ** 低気圧の中心付近　**ウ** 高気圧の中心付近
エ 地表が夜明け前に冷やされたとき　**オ** 地表が太陽に強く熱せられたとき

中1・2全範囲

総復習テスト

▶解答と解説……別冊 p.19
▶時　間…………30分

得点　　点／100点

1 図1の回路《かいろ》で、抵抗《ていこう》の値が異なる抵抗器Aと抵抗器Bに流れる電流《でんりゅう》と加わる電圧《でんあつ》を調べました。表はその結果です。あとの問いに答えなさい。〈岐阜・改〉　〈6点×5〉

図1
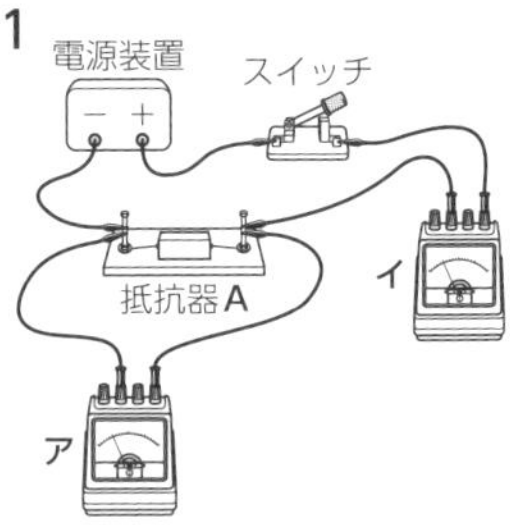

図2
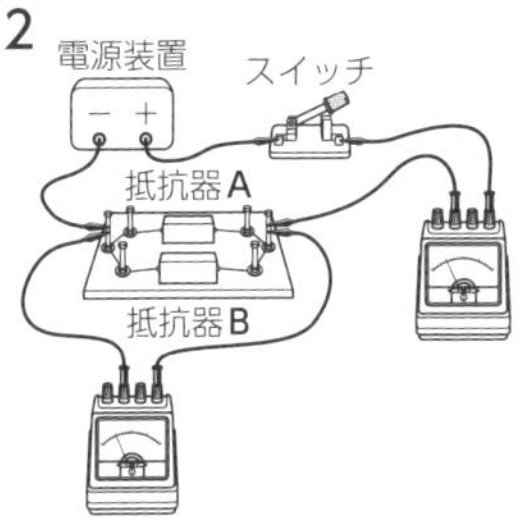

図3
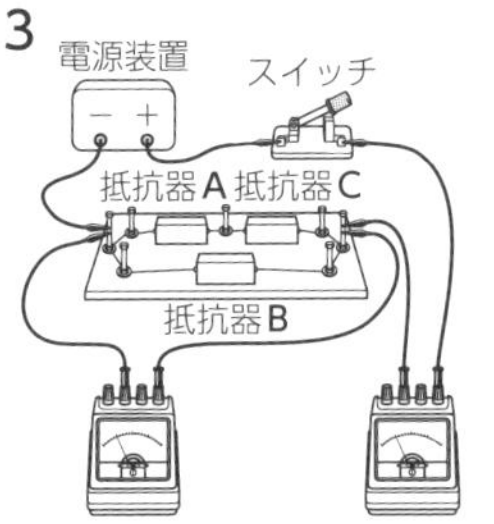

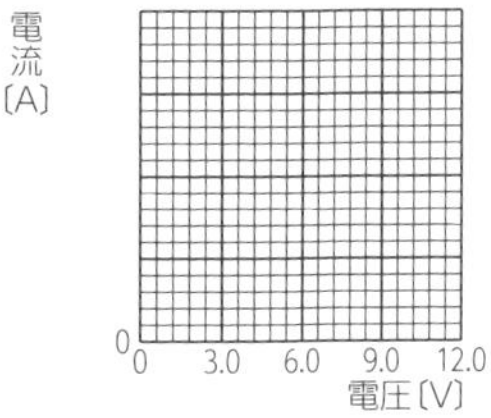

(1) 図1で、電圧計はア、イのどちらですか。　〔　　〕

(2) 抵抗器Aの抵抗の値は何Ωですか。　〔　　〕

(3) 抵抗器Bの両端《りょうたん》に5.0 Vの電圧を4分間加え続けました。抵抗器Bで消費された電力量《でんりょくりょう》は何Jですか。　〔　　〕

表

電圧〔V〕		0	3.0	6.0	9.0	12.0
電流〔A〕	抵抗器A	0	0.15	0.30	0.45	0.60
	抵抗器B	0	0.10	0.20	0.30	0.40

(4) 図2のように、抵抗器A、Bを並列《へいれつ》につないだ回路をつくりました。表をもとに、図2の抵抗器Aに加わる電圧と回路全体に流れる電流の関係を右上のグラフにかきなさい。なお、グラフの縦軸《たてじく》には適切な数値を書きなさい。

(5) 図3のように抵抗器A～Cをつないだ回路をつくり、抵抗器Bに加える電圧を6.0 Vとしたところ、回路全体に流れる電流は0.30 Aでした。抵抗器Cの抵抗の値は何Ωですか。　〔　　〕

2 60 ℃の水25 gが入った4個のビーカーに、物質《ぶっしつ》P～Sを別々に同じ質量《しつりょう》ずつ加えてよくかき混ぜました。このとき、1個は物質がすべてとけ、3個は一部がとけ残りました。図は、物質P～Sが100 gの水にとける質量と温度との関係を表すグラフで、表は物質Pの20 ℃、60 ℃における値《あたい》です。次の問いに答えなさい。〈愛媛・改〉　〈5点×4〉

図
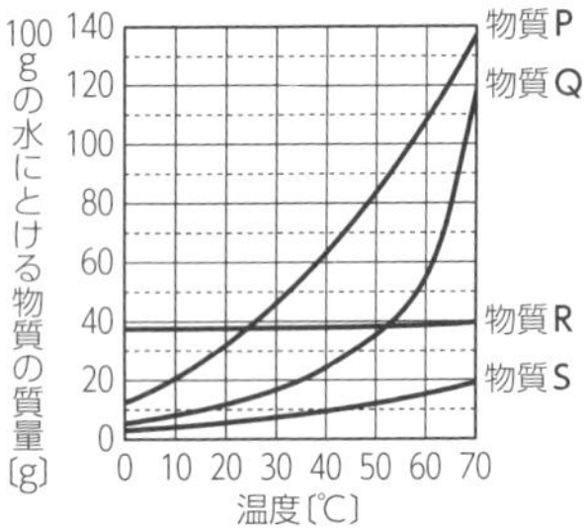

(1) 物質P～Sのうち、下線部でとけ残った質量が最も大きいのはどれですか。　〔　　〕

(2) 60 ℃の水100 gに物質Pを30 gとかした水溶液《すいようえき》を0 ℃まで冷やしていくとき、物質Pの結晶《けっしょう》が出始める温度について述べたものとして適当なものを、次のア～エから1つ選び、記号で答えなさい。　〔　　〕

表

温度	20 ℃	60 ℃
物質P	32 g	109 g

ア　5～10 ℃の間で物質Pの結晶が出始める。　**イ**　15～20 ℃の間で物質Pの結晶が出始める。
ウ　40～45 ℃の間で物質Pの結晶が出始める。　**エ**　0 ℃まで物質Pの結晶は出てこない。

(3) 60 ℃の水25 gに物質Pを15 gとかした水溶液を20 ℃まで冷やすと、物質Pの結晶が出てきました。20 ℃になったときの物質Pの水溶液の質量《しつりょう》パーセント濃度《のうど》は何%ですか。四捨五入して、整数で求めなさい。　〔　　〕

(4) (3)で出てきた結晶はおよそ何gですか。次のア～エから1つ選びなさい。　〔　　〕

ア　4 g　**イ**　7 g　**ウ**　11 g　**エ**　28 g

3 うすいデンプン溶液《ようえき》を 5 cm³ ずつ入れた試験管**A**～**D**の、**A**と**B**には水でうすめただ液を 1 cm³ ずつ加え、**C**と**D**には水を 1 cm³ ずつ加えて図のように 15 分間あたためました。**A**～**D**をとり出し、**A**と**C**にはヨウ素《そ》溶《よう》液《えき》を数滴《てき》ずつ加え、**B**と**D**にはベネジクト溶液を 2 cm³ ずつ加えて加熱しました。結果の表から、だ液のはたらきで溶液中のデンプンが麦芽糖《ばくがとう》などに変化したことがわかりました。次の問いに答えなさい。〈愛媛・改〉〈５点×６〉

図

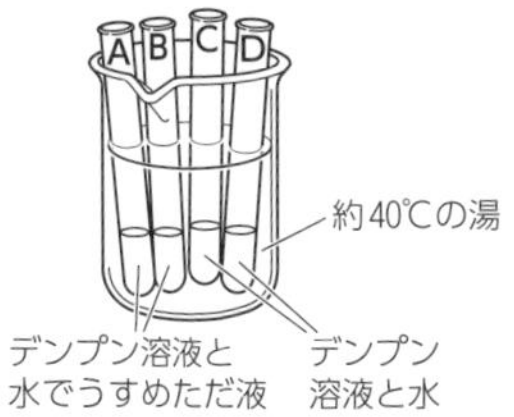

表

試験管	試験管内のようす
A	変化しない
B	赤褐色《せきかっしょく》に変化する
C	青紫色《あおむらさきいろ》に変化する
D	変化しない

(1) この実験で、次のⅠ、Ⅱのことは、試験管**A**～**D**のうちのどの２つを比《ひ》較《かく》すると確認できますか。それぞれ２つずつ選び、記号で答えなさい。

Ⅰ〔　と　〕 Ⅱ〔　と　〕

Ⅰ　だ液のはたらきにより、試験管内の溶液中のデンプンが確認できなくなったこと。

Ⅱ　だ液のはたらきにより、試験管内の溶液中に麦芽糖などが確認できるようになったこと。

(2) だ液にふくまれる消化酵素《しょうかこうそ》の名称《めいしょう》を次の**ア**～**エ**から１つ選び、記号で答えなさい。〔　〕

ア アミラーゼ　**イ** トリプシン　**ウ** ペプシン　**エ** リパーゼ

(3) 次の文の①にはあてはまる言葉を書き、②、③は｛　｝の中から、それぞれ適当なものを選び、記号で答えなさい。

①〔　〕 ②〔　〕 ③〔　〕

デンプンなどの養分が消化酵素によって分解《ぶんかい》されてできた物質は、小腸《しょうちょう》の壁《かべ》にある ① とよばれる突起《とっき》から吸収《きゅうしゅう》される。また、脂肪《しぼう》の消化を助ける胆汁《たんじゅう》は②｛**ア** 肝臓《かんぞう》　**イ** 胆《たん》のう｝でつくられ、すい液の消化酵素とともに、脂肪を③｛**ウ** アミノ酸《さん》　**エ** 脂肪酸《しぼうさん》｝とモノグリセリドに分解する。

4 図１のような傾斜《けいしゃ》のゆるやかな登山道の途中《とちゅう》にある標高の異《こと》なる**X**～**Z**の３地点でボーリング調査を行い、**図２**のような柱状図《ちゅうじょうず》を作成しました。また、X地点の泥岩《でいがん》の層に、サンヨウチュウの化石《かせき》が見つかりました。次の問いに答えなさい。ただし、この山の地層《ちそう》は一定の厚さで水平に堆積《たいせき》し、地層の上下の逆転や断層《だんそう》、しゅう曲《きょく》はなく、凝灰岩《ぎょうかいがん》の層は１つしかないことがわかっています。〈福島・改〉〈５点×４〉

図１

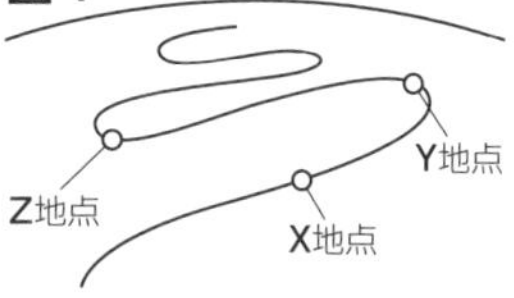

図２

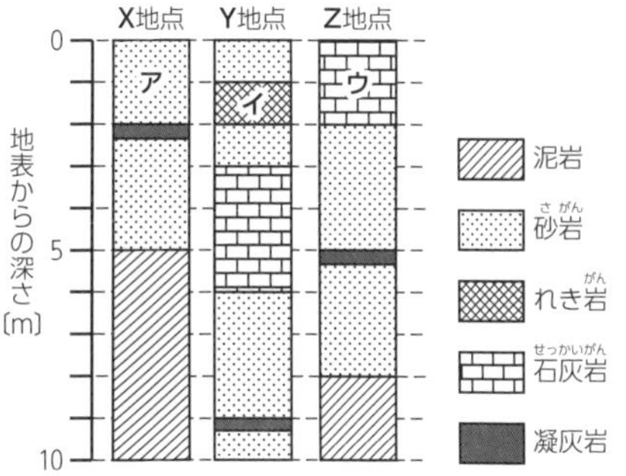

(1) 下線部について、次の問いに答えなさい。

① **X**地点で見つかった泥岩の層の地質年代《ちしつねんだい》と、その地質年代に栄えていた生物の組み合わせとして最も適当なものを、右の**ア**～**エ**から１つ選び、記号で答えなさい。〔　〕

表

	地質年代	生物
ア	古生代《こせいだい》	フズリナ
イ	古生代	ビカリア
ウ	新生代《しんせいだい》	フズリナ
エ	新生代	ビカリア

② 化石には地質年代がわかる化石のほかに、サンゴのような堆積した当時の環境《かんきょう》を知る手がかりとなる化石があります。このような当時の環境を示す化石を何といいますか。〔　〕

(2) **図２**の**ア**～**ウ**の地層を、堆積した年代の古い順に左から並べて書きなさい。〔　〕

(3) **X**地点の標高は 47 m でした。**Y**地点の標高は何mですか。〔　〕

社会 1日目

地理

世界の姿

基礎の確認

●〔　〕や□に適する語句を書き入れましょう。（解答▶別冊 p.21）

1 世界の姿

▶六大陸と三大洋…〔①　　　　〕**大陸**・**アフリカ大陸**・**北アメリカ大陸**・**南アメリカ大陸**・**オーストラリア大陸**・**南極大陸**が六大陸。**太平洋《たいへいよう》**・**大《たい》西洋《せいよう》**・**インド洋**が三大洋
└最大の大陸　最大の海洋┘

▶緯度《いど》と経度《けいど》…地球上の位置を示す

a）〔②　　　〕…**赤道**を基準に南北90度ずつ。**緯《い》線《せん》**は同じ緯度を結んだ線

b）〔③　　　〕…**本初子午線《ほんしょしごせん》**を基準に東西180度ずつ。**経線《けいせん》**は同じ経度を結んだ線
└ロンドンを通る

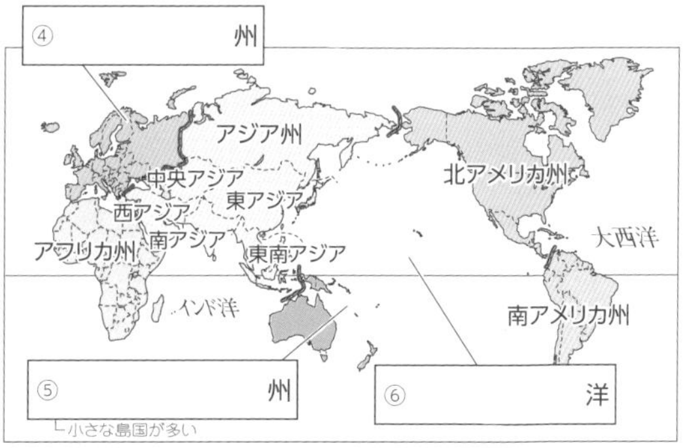

世界の州区分　６つの州に分けられる。

ミス注意 **時差の計算**

時差の計算で２都市の経度差を求めるとき、東経どうし・西経どうしの場合は**引き算**、東経と西経の都市の場合は**足し算**で求める。

2 日本の姿

▶位置…**北緯約20～46度**、**東経約122～154度**の範囲《はんい》にある

▶**時差**…経度〔①　　〕度で１時間の時差⇨経度差÷15で求める

▶日本の領域

くわしく **国の領域**

領域は、**領土**・**領海**・**領空**からなる。**排他的《はいたてき》経済水域**は、領海を除く海岸線から200海里の範囲の水域で、沿岸国に水産資源や鉱産資源を利用する権利がある。

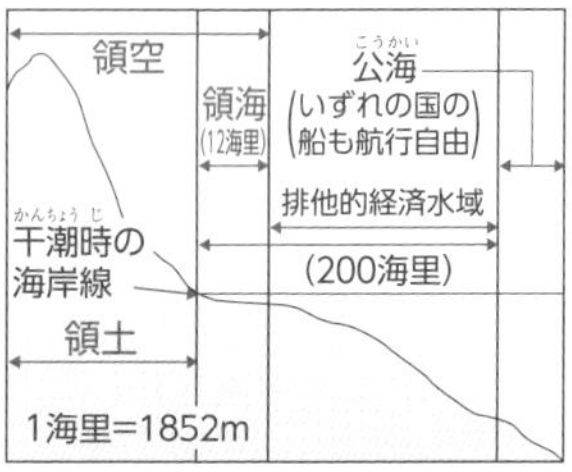

3 世界の人々と環境《かんきょう》・暮らし

▶世界の気候帯…気温や降水量で５つに区分

a）〔①　　　〕**帯**…高温多雨。熱帯雨林とサバナ
└風通しがよく、湿気を防ぐ高床の住居

b）〔②　　　〕**帯**…少雨。砂漠とステップ
└土からつくった日干しれんがの住居

c）〔③　　　〕**帯**…温暖。四季の変化が明瞭《めいりょう》

d）〔④　　　〕**帯**…冬寒さが厳しい。タイガ
└建物からの熱で永久凍土がとけるのを防ぐ高床の住居

e）**寒帯**…年中低温で樹木が育たない

▶**世界の宗教**…〔⑤　　　　〕・**イスラム教**・**仏教**が三大宗教。インドでは**ヒンドゥー教**
(世界宗教)　1日5回の礼拝┘　牛は神の使い┘

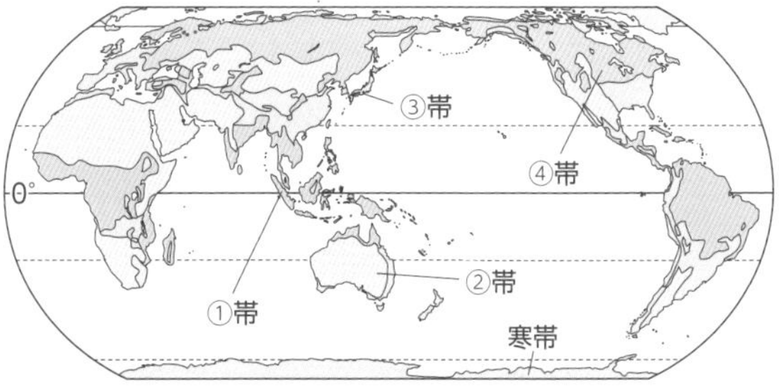

(W.P.ケッペン原図(1923年)ほか)

世界の気候帯　④帯がみられるのは北半球のみ。

実力完成テスト

＊解答と解説…別冊 p.21
＊時　間………15分

得点　　点／50点

1 右の地図を見て、次の各問いに答えなさい。〈5点×4〉

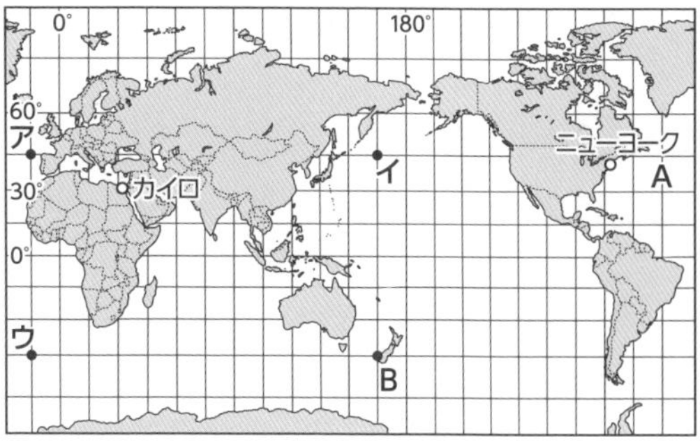

(1)　三大洋の1つであるAの海洋名を答えなさい。

〔　　　　　　　　〕

(2)　Bの地点を緯度と経度で表しなさい。また、Bから見て、地球の中心を通って反対側にあたる地点を、地図中のア～ウから1つ選び、記号で答えなさい。

〔　　　　　　　　　　　　〕

記号〔　　　〕

(3)　カイロが1月1日午前5時のときのニューヨークの日時を、次のア～エから1つ選び、記号で答えなさい。（カイロは東経30度、ニューヨークは西経75度の経線を標準時子午線とする）〔　　　〕

ア　12月31日午後10時　　**イ**　1月1日午前2時　　**ウ**　1月1日午前8時　　**エ**　1月1日正午

2 次の各問いに答えなさい。〈5点×2〉

(1)　日本とほぼ同じ緯度の範囲にある国を、次のア～エから1つ選び、記号で答えなさい。

ア　オーストラリア　　**イ**　ブラジル　　**ウ**　イギリス　　**エ**　イタリア　〔　　　〕

(2)　排他的経済水域の説明として正しいものを、次のア～ウから1つ選び、記号で答えなさい。

ア　どの国の船も勝手に航行することはできない。

イ　魚介類などの水産資源や石油などの鉱産資源は、沿岸国に利用する権利がある。

ウ　領域の1つで、国の主権がおよぶ範囲である。　〔　　　〕

3 右の雨温図や写真、地図を見て、次の各問いに答えなさい。〈5点×4〉

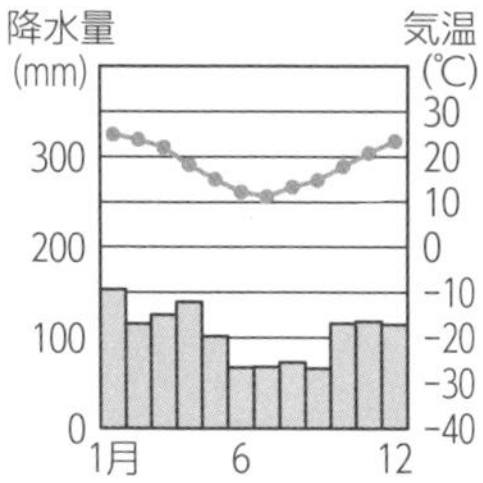

（2024年版「理科年表」）

（ピクスタ）

(1)　右の雨温図にあてはまる都市を、地図中のア～エから1つ選び、記号で答えなさい。

〔　　　〕

(2)　右の写真の住居がみられる地域を、地図中のA～Dから1つ選び、記号で答えなさい。

〔　　　〕

(3)　インドで約8割の国民が信仰《しんこう》している宗教は何ですか。また、その宗教の特色を、次のア～ウから1つ選び、記号で答えなさい。

宗教〔　　　　　　　　〕　記号〔　　　〕

ア　クリスマスや復活祭などの行事がある。

イ　1日5回聖地に向かって祈《いの》る。

ウ　牛は神聖な動物で牛肉を食べない。

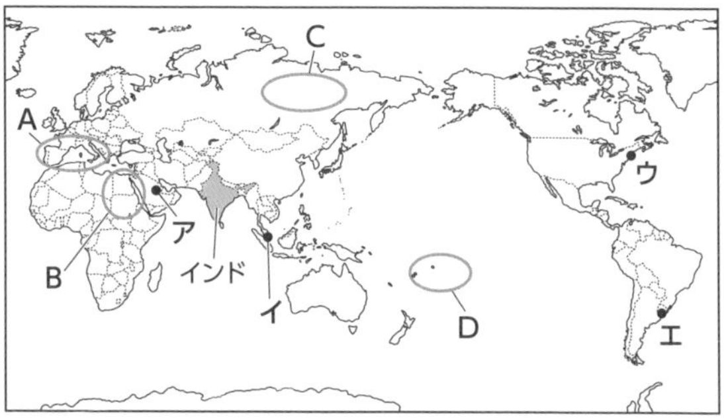

地理

世界の諸地域

基礎の確認

●〔　〕や□に適する語句を書き入れましょう。（解答▶別冊 p.21）

❶ アジア州・ヨーロッパ州

▶アジア州…夏は海洋から冬は内陸から**季節風**(モンスーン)が吹《ふ》く

a）中国…人口抑制《よくせい》のために〔①　　　〕**政策**。
└2015年に廃止
経済特区を設置して工業化⇨「**世界の工場**」に

b）東南アジア…**プランテーション**。**ASEAN**《アセアン》を結成
植民地時代に開かれた大農園┘　(東南アジア諸国連合)

c）南アジア…〔②　　　〕で**ICT関連産業**が発展
(情報通信技術関連産業)

d）西アジア…〔③　　　〕が豊富で**OPEC**を結成
(石油輸出国機構)

▶ヨーロッパ州…**偏西風**《へんせいふう》と暖流の影響《えいきょう》で比較的温暖
(北大西洋海流)

a）**ヨーロッパ連合**（〔④　　　〕）…共通通貨の**ユーロ**を導入し関税を撤廃《てっぱい》。加盟国間で**経済格差**

b）産業…北中部で**混合農業**、南部で**地中海式農業**

c）言語・民族…**ゲルマン系**・〔⑤　　　〕系・**スラブ系**
└北西部　└南部　└東部

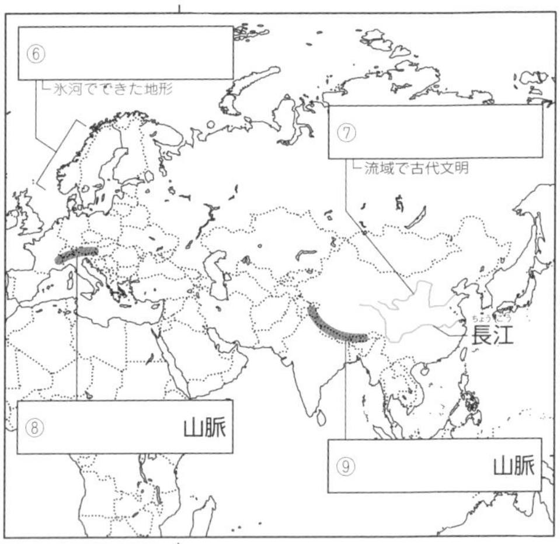

❷ 南北アメリカ州

▶北アメリカ州…多様な民族が共存
アメリカではヒスパニックが増加┘

アメリカ

a）**適地適作**で企業《きぎょう》的な農業

b）〔①　　　〕が工業の中心地。**シリコンバレー**にICT関連企業が集中
└北緯37度以南の地域　サンフランシスコ郊外┘

▶南アメリカ州…熱帯林伐採《ばっさい》が進む

a）鉱業…〔②　　　〕や銅
└ブラジル　└チリ

b）エネルギー…さとうきびが原料の**バイオエタノール**を活用
(バイオ燃料)

❸ アフリカ州・オセアニア州

▶アフリカ州…ヨーロッパ諸国が**植民地**支配
1950年代以降、独立┘

a）産業…ギニア湾岸《わんがん》で〔①　　　〕栽培《さいばい》
チョコレートの原料┘

b）経済…**モノカルチャー経済**の国が多い
└特定の農作物や鉱産資源の輸出に頼る経済

▶オセアニア州…アジアと結びつきを強める

オーストラリア

a）〔②　　　〕や羊の牧畜《ぼくちく》。
鉄鉱石や**石炭**などが豊富
└西部　└東部

b）先住民は〔③　　　〕

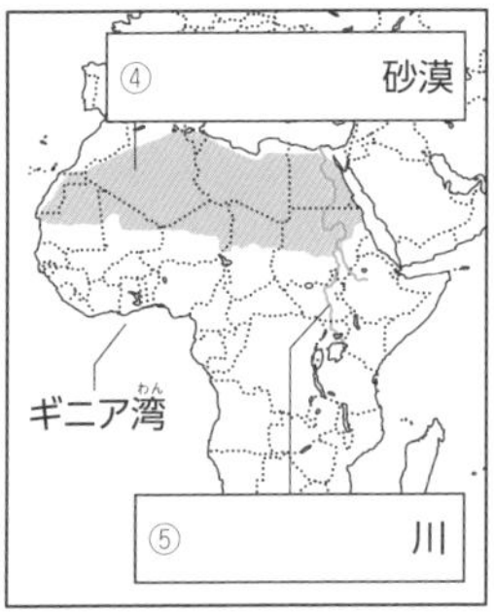

確認 **アメリカの主な農作物の輸出**

アメリカは、日本をはじめ世界各国に農作物を大量に輸出し、「**世界の食料庫**」と呼ばれる。

小麦

ロシア	オーストラリア	アメリカ	カナダ	ウクライナ	その他
13.8%	12.9	12.1	10.9	9.8	

とうもろこし

アメリカ	アルゼンチン	ウクライナ	ブラジル	その他
35.7%	18.8	12.5	10.4	

（2021年）　（2023/24年版「世界国勢図会」）

ミス注意 **ブラジルの言語**

南アメリカ州では、ブラジルで**ポルトガル語**、ほかの多くの国々で**スペイン語**が公用語となっている。かつて植民地支配を受けていた時代のなごりである。

実力完成テスト

＊解答と解説…別冊 p.21
＊時　間………15分

得点　　点／50点

1 右の地図を見て、次の各問いに答えなさい。

〈5点×5〉

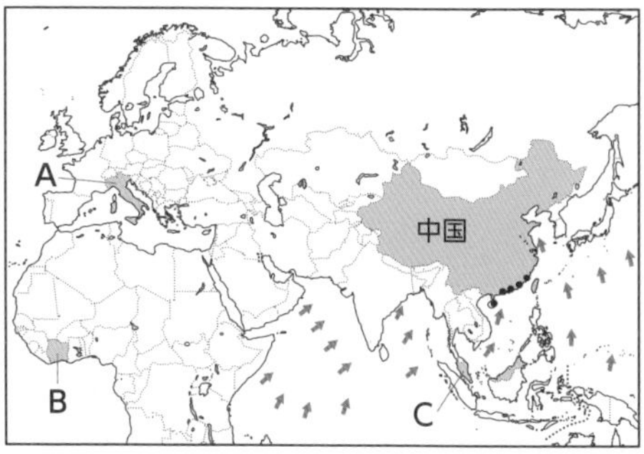

⑴　地図中の➡は、夏と冬のどちらの季節風の風向きを示したものですか。　〔　　　〕

⑵　A～Cの国の農業の特色にあてはまるものを、次のア～ウからそれぞれ選び、記号で答えなさい。

A〔　　　〕 B〔　　　〕 C〔　　　〕

ア　植民地時代に開かれた大農園で、天然ゴムなどを栽培してきた。近年は油やしの栽培が増えている。

イ　チョコレートの原料となるカカオ豆の栽培がさかんで輸出品の中心となっている。

ウ　乾燥《かんそう》する夏にぶどうやオリーブなどを栽培し、雨が多くなる冬に小麦の栽培がさかんである。

⑶　中国沿岸部の・は、外国企業《きぎょう》のために経済的な優遇《ゆうぐう》措《そ》置《ち》を設けた地区を示しています。この地区を何といいますか。　〔　　　〕

2 次の各問いに答えなさい。

〈5点×5、⑵は完答〉

⑴　農作物の生産量を示した右のグラフを見て、次の各問いに答えなさい。

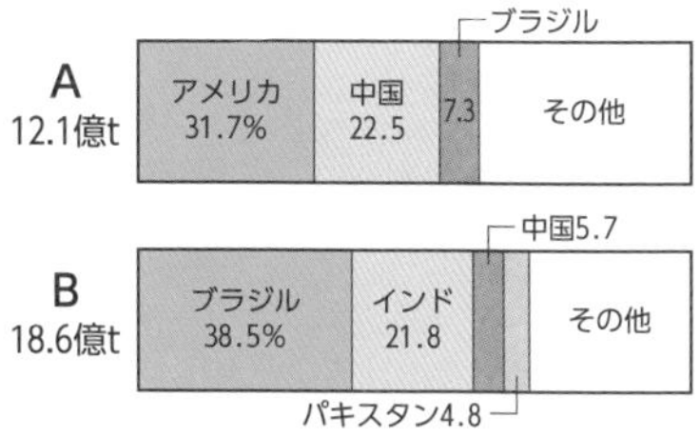

(2021年)　(2023/24年版「世界国勢図会」)

①　A・Bのグラフにあてはまる農作物を、次のア～エからそれぞれ選び、記号で答えなさい。A〔　　　〕 B〔　　　〕

ア　さとうきび　　**イ**　小麦
ウ　コーヒー豆　　**エ**　とうもろこし

②　A・Bの農作物は、いずれも植物を原料としたエネルギーとして自動車などの燃料に用いられています。このような燃料を何といいますか。　〔　　　〕

⑵　次の文はアメリカの工業について述べており、文中のa～dの語句には誤っているものが1つあります。誤っている語句の記号を選び、正しい語句に直しなさい。

記号〔　　　〕 正しい語句〔　　　〕

> 19世紀から、石炭や鉄鉱石などの鉱産資源と水運に恵《めぐ》まれた a <u>五大湖周辺</u>で工業が発展したが、20世紀後半に北緯《ほくい》37度以南の b <u>サンベルト</u>に工業の中心地が移った。現在サンフランシスコ郊外《こうがい》の c <u>シリコンバレー</u>には d <u>自動車関連企業</u>が集まり、高度な研究が進められている。

⑶　右の地図はオーストラリアのある鉱産資源の産出地を示しています。あてはまる鉱産資源を次のア～エから1つ選び、記号で答えなさい。

ア　石炭　　**イ**　ボーキサイト　　**ウ**　鉄鉱石　　**エ**　石油

〔　　　〕

社会 3日目 地理

身近な地域・日本の地域的特色

基礎の確認

●〔　　〕や□に適する語句を書き入れましょう。（解答▶別冊 p.22）

❶ 地形図の読み取り

▶〔①　　　　〕…実際の距離《きょり》を縮めた割合。

実際の距離＝地図上の長さ×縮尺の分母

▶方位…地形図では上が〔②　　　〕

▶等高線…同じ高さのところを結んだ線。
間隔《かんかく》が〔③　　　　〕ほど**傾斜《けいしゃ》が急**

‖	田	∧∧∧	針葉樹林		博物館・美術館
∨	④	◎	市役所		⑥
	⑤	⊗	警察署		老人ホーム

❷ 日本の自然環境

▶地形…国土の約4分の3を山地が占《し》める

a）日本は**環太平洋造山帯《かんたいへいようぞうざんたい》**に属する

b）中央部に〔①　　　　　　　〕が連なり、その東に**フォッサマグナ**
（└3000m級の山々）（大きな溝状の地形┘）

c）川は長さが短く傾斜が急。扇形《おうぎがた》の**扇《せん》状地《じょうち》**や低平な**三角州**などを形成

d）暖流の〔②　　　　〕と**対馬《つしま》海流**、寒流の〔③　　　　〕と**リマン海流**

e）近海に**大陸棚《たいりくだな》**、その先に**海溝《かいこう》**がある
（浅くて平らな海底┘）（└深さ8000m超）

⑤

⑥

(Cynet Photo)

▶気候…**温帯**。海流と〔④　　　　　〕の影響を受けて四季の変化が明瞭《めいりょう》。**梅雨**や**台風**の影響で降水量が多い
（└北海道は亜寒帯（冷帯））

▶日本の気候区分

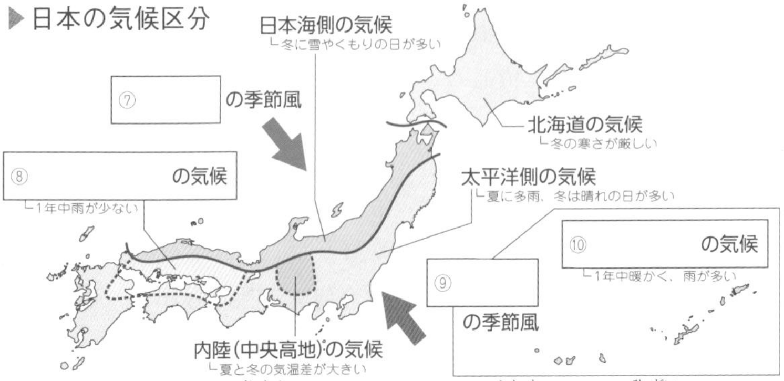

▶自然災害…日本は**地震《じしん》**や〔⑪　　　　〕**の噴火《ふんか》**による被害《ひがい》が多い

a）地震…建物の倒壊《とうかい》や土砂《どしゃ》崩《くず》れ、**液状化《えきじょうか》**。〔⑫　　　　〕の被害
（└海底が震源のとき）

b）集中豪雨《ごうう》や台風による洪水《こうずい》や土石流《どせきりゅう》、**高潮《たかしお》**。**冷害**や干害
（└海水面の上昇）

c）取り組み…災害の被害を防ぐ〔⑬　　　　〕、被害を小さくする**減災《げんさい》**。被害の想定や避難《ひなん》場所などを示した**ハザードマップ**
（└(防災マップ)）

くわしく 主な山脈・川・平野

日本アルプスは、北から飛騨《ひだ》山脈、木曽《きそ》山脈、赤石《あかいし》山脈。「日本の屋根」ともいわれる。

確認 リアス海岸

リアス海岸は、もともと山地の谷であったところに海水が入りこんでできた、湾《わん》と岬《みさき》が入り組んだ海岸。東北地方の**三陸《さんりく》海岸**や福井県の**若狭湾《わかさわん》**などにみられる。

くわしく 季節風と降水

海から吹《ふ》いてきた湿《しめ》った**季節風**は、山地にぶつかってその手前の地域に雨や雪を降らせる。その後山地を越《こ》えた風は、乾《かわ》いた風となって吹き下ろす。

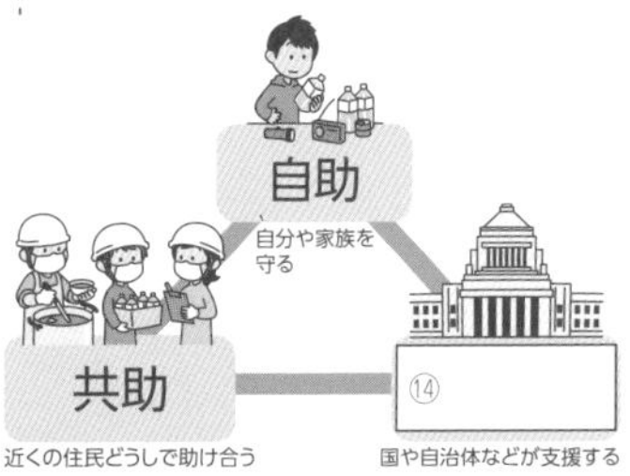

実力完成テスト

＊解答と解説…別冊 p.22
＊時　間………15分

得点　　点／50点

1 右の地形図を見て、次の各問いに答えなさい。〈５点×３〉

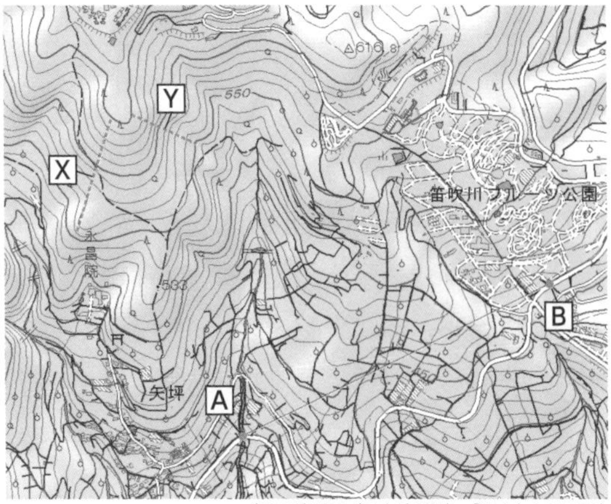

（電子地形図〈国土地理院〉「塩山」1:25000）

(1)　A点からB点まで、地形図上では４cmあります。実際の距離は何mありますか。

〔　　　　m〕

(2)　Xの斜面とYの斜面のうち、傾斜が急になっているのはどちらですか。記号で答えなさい。

〔　　〕

(3)　この地形図からわかることとして誤っているものを１つ選び、記号で答えなさい。

ア　最も多く広がっているのは果樹園である。
イ　この地域の標高は800m以下である。
ウ　温泉は、B点から見て北東にある。

〔　　〕

2 右の地図を見て、次の各問いに答えなさい。〈５点×７〉

(1)　の地域に広がる大きな溝状《みぞじょう》の地形を何といいますか。カタカナで答えなさい。

〔　　　　　〕

(2)　には、湾と岬が入り組んだ複雑な海岸地形がみられます。このような海岸地形を何といいますか。

〔　　　　　〕

(3)　A～Dの都市にあてはまる雨温図を、次のア～エからそれぞれ選び、記号で答えなさい。

A〔　　〕　B〔　　〕　C〔　　〕　D〔　　〕

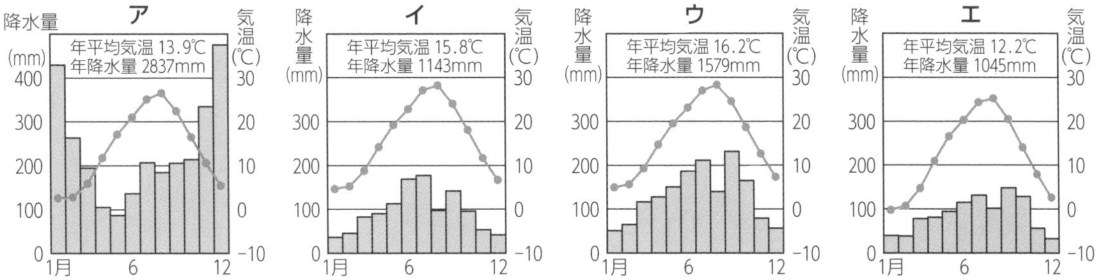

（2024年版「理科年表」）

(4)　右の写真の施設《しせつ》は、ある自然災害に備えて建てられたものです。その自然災害を次のア～エから１つ選び、記号で答えなさい。

ア　土砂災害　　**イ**　津波《つなみ》　　**ウ**　雪害　　**エ**　火山の噴火

〔　　〕

（Cynet Photo）

日本の人口・産業・貿易

基礎の確認

●〔　　〕や□に適する語句を書き入れましょう。（解答▶別冊 p.22）

❶ 日本の人口・資源・エネルギー

▶人口…約１億2500万人（2022年）。**少子化**と〔①　　　　〕化（**少子高齢《こうれい》化《か》**）
└高齢者の割合が高くなる

a）人口分布…**三大都市圏《けん》**で〔②　　　　〕。農山村で〔③　　　　〕
人口や企業が集中┘　人口減少が激しい┘

b）人口構成…**富士山《ふじさん》型**⇨**つりがね型**⇨**つぼ型**と変化

▶資源・エネルギー…鉱産資源が乏《とぼ》しく、ほとんどを輸入に頼《たよ》る

a）発電…〔④　　　　〕**発電**が中心。**原子力発電**は割合が低下
東日本大震災で事故が発生┘

b）**再生可能エネルギー**…太陽光・地熱・風力・バイオ燃料など
└繰り返し利用できるエネルギー

❷ 日本の産業

▶農業…**稲作《いなさく》**中心。安い農産物の輸入で〔①　　　　〕**率**が低下
食料を自国でまかなえる割合┘

特色ある農業		
	促成栽培《そくせいさいばい》	ほかの産地よりも早い時期に農作物を栽培・出荷
	〔②　　　　〕**栽培**	ほかの産地よりも遅《おそ》い時期に農作物を栽培・出荷
	〔③　　　　〕**農業**	大都市の近くで大都市向けの農作物を栽培・出荷

▶水産業…三陸《さんりく》海岸沖の**潮目《しおめ》（潮境《しおざかい》）**や東シナ海の**大陸棚《たいりくだな》**が好漁場
└暖流と寒流が出合うところ

a）課題…**排他的《はいたてき》経済水域**の設定などで漁獲量が減少。輸入増

b）取り組み…〔④　　　　〕や**栽培漁業**に力を入れる
└いけすなどで大きくなるまで育てて出荷

▶工業…**太平洋《たいへいよう》ベルト**で工業が発達。内陸部にも**工業団地**が進出

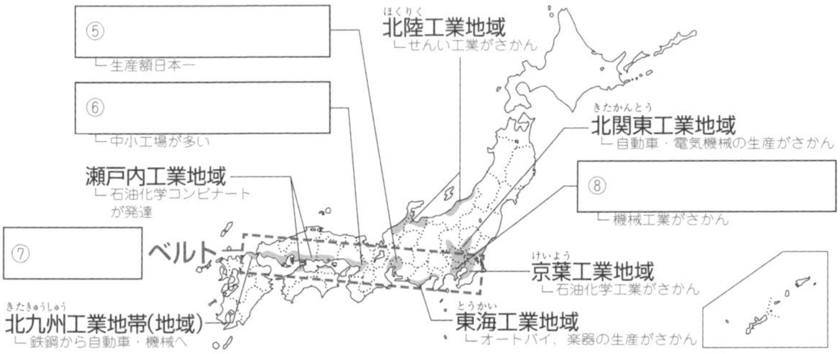

▶第３次産業…**商業**や**サービス業**。ICTの発達で買い物が多様化

❸ 日本の貿易・交通・通信

▶貿易…〔①　　　　〕の国々との貿易が拡大。主な輸入品は機械類や〔②　　　　〕など、輸出品は機械類や〔③　　　　〕など
└中国など　└西アジアの国々から　アメリカなどへ┘

▶交通…**高速交通網**の整備が進む。〔③〕輸送が増加
└トラックなど

▶通信…**高速通信網《もう》**の整備が進む。**情報格差**が課題に
ICTを利用できる人と利用できない人との差┘

くわしく 日本の人口ピラミッド

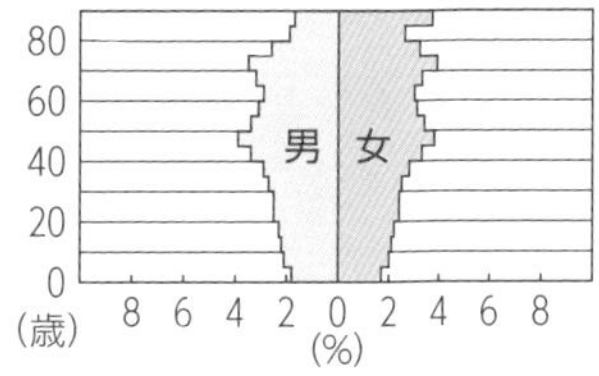

（2020年）　（2023/24年版「日本国勢図会」）

確認 日本の資源の輸入先

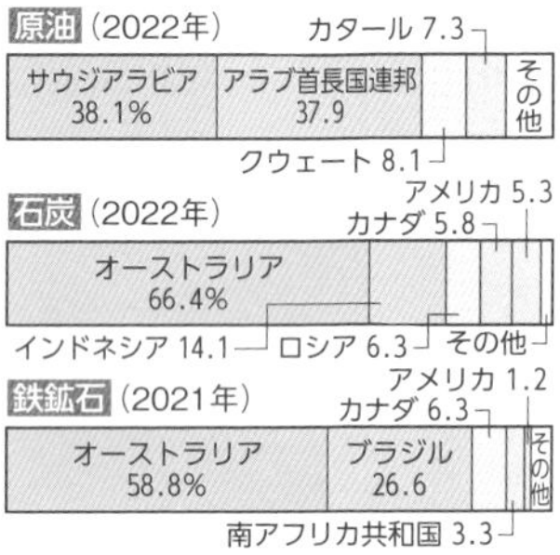

（2023/24年版「日本国勢図会」）

確認 漁業種類別漁獲量の変化

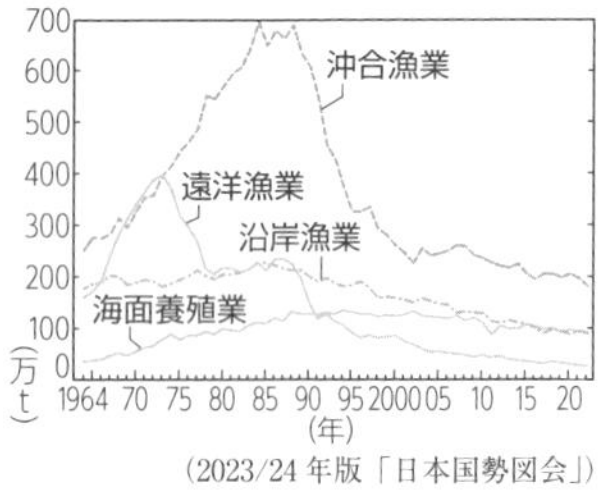

（2023/24年版「日本国勢図会」）

くわしく 日本の工業の発展

日本の工業は原材料を輸入して優れた工業製品を生産・輸出する**加工貿易**で発展した。1980年代には日本の輸出超過《ちょうか》で**貿易摩擦《まさつ》**が生じたが、外国に工場をつくって現地生産するなどして対応した。

確認 輸送手段の特色

●**航空機**…軽量で高価な電子部品や新鮮《しんせん》さが重要な野菜・花を運ぶ。輸送費は高いが速く運べる。

●**船舶《せんぱく》**…重くてかさばる石油や鉄鋼、自動車などを運ぶ。時間はかかるが安く大量に運べる。

実力完成テスト

＊解答と解説…別冊 p.22
＊時　間………15分

得点　　点／50点

1 次の各問いに答えなさい。

〈5点×4、(1)は完答〉

(1) 右のア～ウは、日本の1935年、1970年、2020年のいずれかの人口ピラミッドです。ア～ウを年代の古い順に並べかえなさい。

〔　　→　　→　　〕

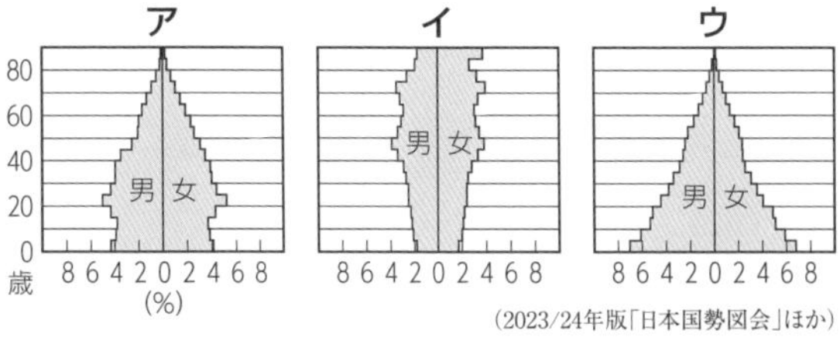

(2023/24年版「日本国勢図会」ほか)

(2) 右は、日本の鉄鉱石と石炭の輸入先を示したグラフです。A～Cにあてはまる国を次のア～エからそれぞれ選び、記号で答えなさい。

A〔　　〕 B〔　　〕 C〔　　〕

ア　インドネシア　　**イ**　オーストラリア
ウ　サウジアラビア　　**エ**　ブラジル

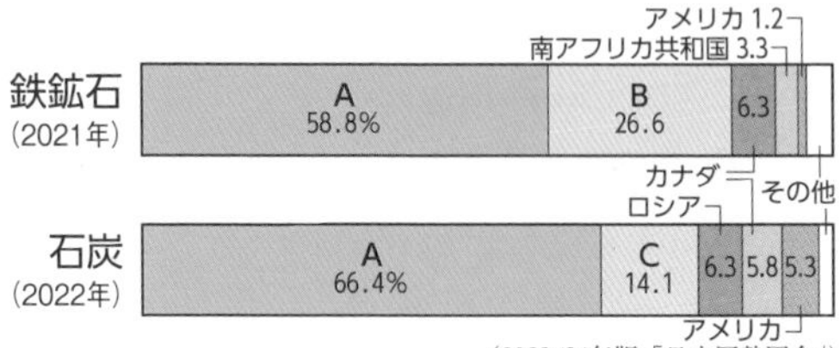

(2023/24年版「日本国勢図会」)

2 右の地図を見て、次の各問いに答えなさい。

〈5点×4〉

(1) AやBの平野では、冬でも比《ひ》較《かく》的《てき》温暖な気候を生かして、ほかの産地よりも早い時期に野菜を栽培・出荷しています。このような栽培方法を何といいますか。〔　　〕

(2) Cの海域は暖流と寒流が出合うところで、世界有数の漁場となっています。この海域を何といいますか。

〔　　〕

(3) XとYの工業地帯の生産額の内訳にあてはまるグラフを、次のア～エからそれぞれ選び、記号で答えなさい。

X〔　　〕 Y〔　　〕

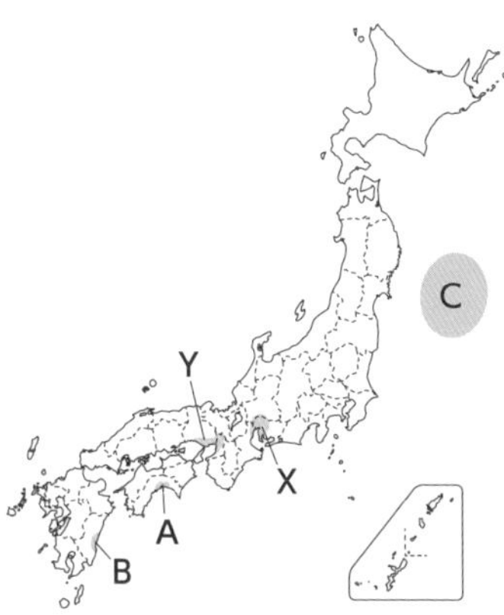

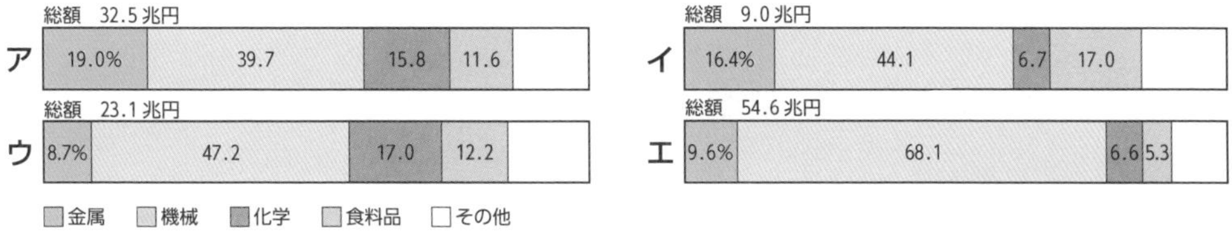

(2020年)

(2023/24年版「日本国勢図会」)

3 次の各問いに答えなさい。

〈5点×2〉

(1) 日本の貿易について述べた次のア～ウの文から誤っているものを1つ選び、記号で答えなさい。

ア　1980年代後半から加工貿易に変化があらわれ、工業製品の輸入が増えた。
イ　1980年代には日本の輸入超過により、アメリカとの間で貿易摩擦が起こった。
ウ　中国などアジアの国々との貿易が拡大している。〔　　〕

(2) 航空輸送に適しているものを次のア～エから1つ選び、記号で答えなさい。

ア　自動車　**イ**　鉄鋼　**ウ**　電子部品　**エ**　原油　〔　　〕

日本の諸地域

基礎の確認

●〔　〕や□に適する語句を書き入れましょう。（解答▶別冊 p.23）

❶ 九州地方、中国・四国地方

▶九州《きゅうしゅう》地方…火山が多い。九州南部に〔①　　　　〕**台地**
火山の噴出物が積もった台地┘

a）農業…〔②　　　　〕平野で**二毛作**、宮崎平野で野菜の〔③　　　　〕**栽培《さいばい》**。鹿児島県や宮崎県では**畜産《ちくさん》**
肉牛・豚・肉用にわとりの飼育┘

b）工業…**北九州工業地帯**が発達⇨公害の発生⇨環境保全

▶中国《ちゅうごく》・四国《しこく》地方…本州《ほんしゅう》（地域）と四国が**本州四国連絡橋《れんらくきょう》**で結ばれる
近畿地方の大都市に人が吸い寄せられるストロー現象┘

a）農業…高知平野で野菜の**促成栽培**。愛媛県でみかん

b）工業…〔④　　　　〕**工業地域**に**石油化学コンビナート**

c）**過疎《かそ》**…若い人が流出⇨〔⑤　　　　〕に取り組む
└観光資源の活用や企業の誘致

❷ 近畿地方、中部地方

▶近畿《きんき》地方…**大阪大都市圏《けん》**を形成。中心部や臨海部の**再開発**
（京阪神大都市圏）

a）林業…〔①　　　　〕山地で吉野《よしの》すぎや尾鷲《おわせ》ひのき

b）工業…〔②　　　　〕**工業地帯**を形成。**中小工場**が多い

c）古都…京都や奈良で歴史的な町並みを守る取り組み

▶中部《ちゅうぶ》地方…**北陸《ほくりく》**、**中央高地《ちゅうおうこうち》**、〔③　　　　〕に分けられる

a）北陸…米の単作地帯。〔④　　　　〕**産業**や**伝統産業**
└地域と密接に結びつく産業

b）中央高地…果樹栽培や〔⑤　　　　〕の栽培
甲府盆地のぶどう・もも┘　└レタスやキャベツなど

c）〔 ③ 〕…〔⑥　　　　〕**工業地帯**や〔 ③ 〕**工業地域**が発達。渥美《あつみ》半島で**施設《しせつ》園芸農業**。焼津《やいづ》港は遠洋漁業の基地
└豊田市の自動車など　└浜松市の楽器・オートバイなど

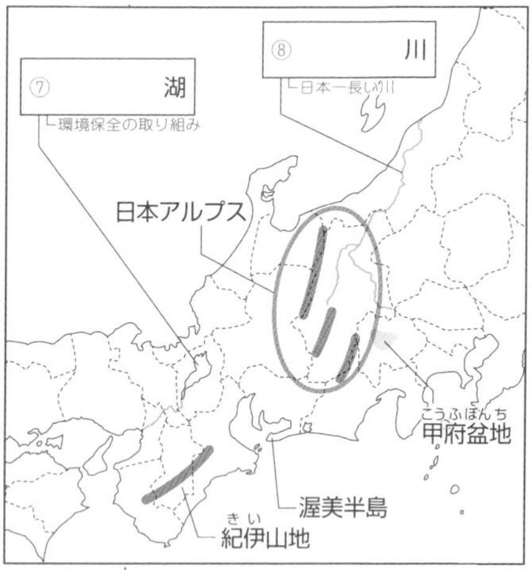

❸ 関東地方、東北地方、北海道地方

▶関東《かんとう》地方…東京中心部で〔①　　　　〕**現象**
都心部の気温が周辺部より高くなる┘

a）**東京大都市圏**…都心は**夜間人口**より**昼間人口**が多い
└東京は日本の首都

b）産業…臨海部に〔②　　　　〕**工業地帯**や**京葉《けいよう》工業地域**、内陸部に**北関東工業地域**。**第３次産業**もさかん
石油化学コンビナートが立地┘
電気機械や自動車の組み立て工場┘　└情報通信業など

▶東北《とうほく》地方…**東北三大祭り**などの伝統行事が受け継がれる
└青森ねぶた祭・秋田竿燈まつり・仙台七夕まつり

a）農業…稲作や果樹栽培。〔③　　　　〕による**冷害**
└津軽平野でりんご、山形盆地でさくらんぼ

b）工業…高速道路の整備で〔④　　　　〕が進出

▶北海道地方…〔⑤　　　　〕**の人々**の文化を守る動き

a）**石狩《いしかり》平野**で稲作《いなさく》、**十勝《とかち》平野**で畑作、**根釧《こんせん》台地**で酪農《らくのう》
└輪作を行う

b）観光業…雄大《ゆうだい》な自然を生かす。**エコツーリズム**
観光と環境保全の両立を目指す┘

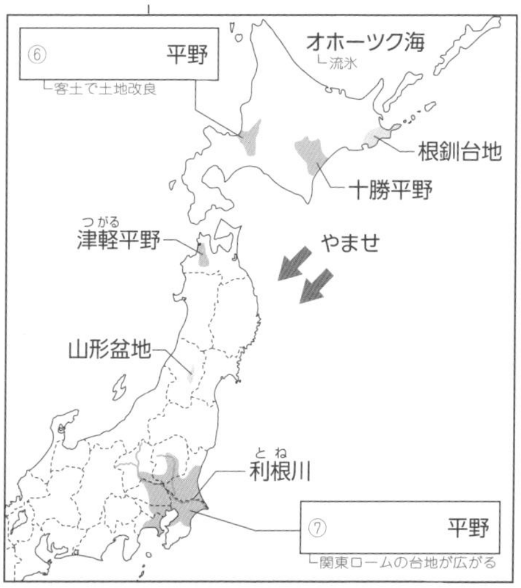

実力完成テスト

＊解答と解説…別冊 p.23
＊時　間………15分

得点　　点／50点

1 右の地図を見て、次の各問いに答えなさい。　〈5点×5〉

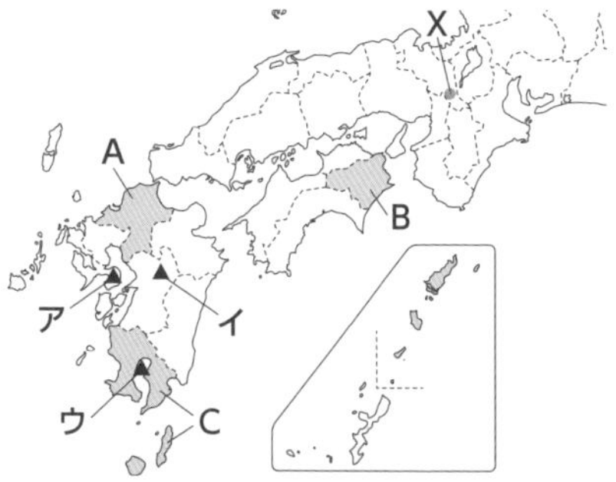

(1) 世界最大級のカルデラがみられる阿蘇山《あそさん》の位置を、地図中のア～ウから１つ選び、記号で答えなさい。〔　　〕

(2) A～Cの県の産業についての説明として誤っているものを次のア～ウから１つ選び、記号で答えなさい。

ア　A県では、八幡《やはた》製鉄所の建設をきっかけに鉄鋼業が発達し、北九州工業地帯（地域）が形成された。

イ　B県では、本州四国連絡橋が開通したことで、地元の商店街の売上が伸《の》びた。

ウ　C県では、畜産がさかんで、黒豚《くろぶた》が有名である。〔　　〕

（アフロ）

(3) 右の写真は、地図中のXの都市にみられる宅配便の営業所である。なぜこのような店構えをしているのか、理由を答えなさい。

〔　　　　　　　　　　　　　　　　〕

(4) 右のグラフは、中部地方の新潟県、長野県、愛知県のいずれかの農業生産額の内訳を示しています。長野県と愛知県にあたるものをア～ウからそれぞれ選び、記号で答えなさい。

長野県〔　　〕
愛知県〔　　〕

	米	野菜	果実	畜産	その他
ア 2922億円	8.0%	35.3	6.6	28.7	その他
イ 2624億円	14.1%	33.0	33.2	10.0	その他
ウ 2269億円	55.2%	13.6	4.0	22.2	その他

（2021年）　（2024年版「県勢」）

2 右の地図を見て、次の各問いに答えなさい。　〈5点×5〉

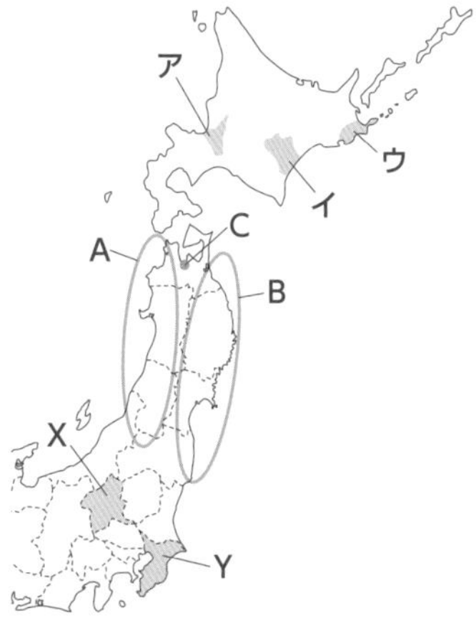

(1) 日本有数の酪農地域となっている根釧台地の位置を、地図中のア～ウから１つ選び、記号で答えなさい。〔　　〕

(2) やませによる冷害の被害《ひがい》が出やすいのは、地図中のA・Bのどちらの地域ですか。記号で答えなさい。〔　　〕

(3) 東北三大祭りの１つで、地図中のCの都市で毎年８月に行われている祭りを次のア～ウから１つ選び、記号で答えなさい。

ア　竿燈《かんとう》まつり　イ　ねぶた祭　ウ　七夕まつり　〔　　〕

(4) XとYの県の工業生産額の内訳を示したグラフを次のア～エからそれぞれ選び、記号で答えなさい（ほかの２つは北海道と東京都である）。　X県〔　　〕　Y県〔　　〕

ア 7兆6227億円	輸送用機械 15.7%	印刷 10.3	食料品 10.1	電気機械 9.0	情報通信機械 6.6	その他 48.3

イ 8兆3831億円	輸送用機械 31.6%	食料品 10.3	化学 8.7	電気機械 6.1	プラスチック製品 5.9	その他 37.4

ウ 6兆1293億円	食料品 37.0%	石油・石炭製品 11.5	鉄鋼 7.8	輸送用機械 6.5	飲料・飼料 5.1	その他 32.1

エ 13兆968億円	石油・石炭製品 21.2%	化学 18.8	鉄鋼 14.5	食料品 11.7	金属製品 5.2	その他 28.6

（2021年）　（2024年版「県勢」）

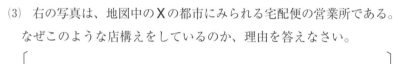

社会 6日目 歴史 文明のおこりと古代の日本

基礎の確認

●〔　〕や□に適する語句を書き入れましょう。（解答▶別冊 p.23）

❶ 文明のおこりと日本の成り立ち

▶古代文明

メソポタミア文明
〔①　　　　〕文字、
太陰暦

〔②　　　　〕文明
象形文字、太陽暦

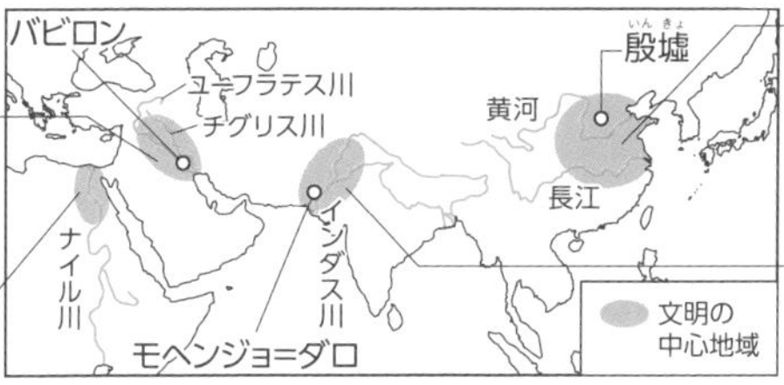

中国文明
〔③　　　　〕文字

インダス文明
インダス文字

▶日本の成り立ち…約1万年前、現在の日本列島の形になった

a）旧石器時代…1万年以上前、〔④　　　　〕**石器**を使用
└石を打ち欠いてつくる

b）縄文《じょうもん》時代…採集・狩《か》り・漁。**たて穴住居**。**縄文土器**・土偶《どぐう》

c）弥生《やよい》時代…〔⑤　　　　〕の広まり。**青銅器**・**鉄器**・**弥生土器**。
└高床倉庫に稲を保管　└銅剣・銅鐸・銅矛など
〔⑥　　　　〕が**邪馬台国**《やまたいこく》を治め、中国の**魏**《ぎ》に使いを送る

d）古墳《こふん》時代…〔⑦　　　　〕が成立し、大王《おおきみ》や豪族《ごうぞく》の墓（**古墳**）がつくられる。**渡来人**が**漢字**・**儒学**《じゅがく》(儒教)・**仏教**などを伝える
大王を中心に豪族が連合┘
└前方後円墳など。埴輪が出土

❷ 古代国家の歩み

▶飛鳥《あすか》時代…**飛鳥文化**（法隆寺《ほうりゅうじ》、釈迦三尊像《しゃかさんぞんぞう》など）が栄える
└日本で最初の仏教文化

a）**聖徳太子**《しょうとくたいし》が**冠位十二階**や〔①　　　　〕制定。**遣隋使**《けんずいし》派遣
└厩戸皇子（うまやどのおうじ）　└役人の心構えを示す

b）〔②　　　　〕…**中大兄皇子**《なかのおおえのおうじ》・**中臣鎌足**《なかとみのかまたり》の改革⇨**公地・公民**
国家が土地と人民を直接支配┘

c）**壬申の乱**《じんしんのらん》…天智《てんじ》天皇のあと継《つ》ぎ争い⇨**天武**《てんむ》**天皇**が即位

d）律令政治の始まり…701年に〔③　　　　〕**律令**制定。**班田収授法**《はんでんしゅうじゅのほう》で6歳《さい》以上の男女に**口分田**《くぶんでん》。**租**《そ》・**調**《ちょう》・**庸**《よう》などの税を課す

▶奈良時代…710年、奈良の〔④　　　　〕京に都を移す
└唐の都長安にならう

a）**聖武**《しょうむ》**天皇**が都に**東大寺**《とうだいじ》、国ごとに**国分寺**《こくぶんじ》・**国分尼寺**《こくぶんにじ》を建てる
└大仏をつくる

b）**墾田永年私財法**《こんでんえいねんしざいのほう》の制定⇨私有地が増えて公地・公民が崩《くず》れる
└土地の永久私有を認める　└のちの荘園

c）〔⑤　　　　〕**文化**…唐《とう》の影響《えいきょう》を受けた国際色豊かな文化
└遣唐使を派遣

▶平安《へいあん》時代…794年、**桓武**《かんむ》**天皇**が京都の**平安京**に都を移す

a）初期の仏教…〔⑥　　　　〕の**天台宗**《てんだいしゅう》、〔⑦　　　　〕の**真言宗**《しんごんしゅう》

b）〔⑧　　　　〕**政治**…**藤原氏**《ふじわらし》は天皇が幼少時に**摂政**《せっしょう》、成人後に**関白**《かんぱく》となって政治の実権を握《にぎ》る⇨**藤原道長**《みちなが》・**頼通**《よりみち》のときに全盛
└娘を天皇のきさきにして、生まれた子を次の天皇にする

c）〔⑨　　　　〕**文化**…日本の風土や生活に合った貴族文化
建築⇨**寝殿造**《しんでんづくり》 仏教⇨**浄土信仰**《じょうどしんこう》(浄土の教え)の広がり（平等院鳳凰堂《びょうどういんほうおうどう》など）
文学⇨**仮名**《かな》**文字**の普及《ふきゅう》。『**源氏物語**』『**枕草子**《まくらのそうし》』『**古今**《こきん》**和歌集**』
└紫式部　└清少納言　└紀貫之ら

ミス注意 縄文土器と弥生土器

●**縄文土器**…縄目《なわめ》の文様がついたものが多い。黒ずんだ茶色で、もろくて厚手。

●**弥生土器**…飾《かざ》りが少なく、赤褐色《せきかっしょく》をしている。縄文土器より薄《うす》くてかたい。

（ColBase）（東京大学総合研究博物館）

↑縄文土器（左）と弥生土器（右）

くわしく 租・調・庸の内容

●**租**…口分田の収穫量《しゅうかくりょう》の約3%の**稲**《いね》を納める。

●**調**…絹や魚、塩などの地方の**特産物**を納める。

●**庸**…労役《ろうえき》の代わりに**布**を納める。

確認 天平文化

●建築…校倉造《あぜくらづくり》の正倉院《しょうそういん》（東大寺）、唐招提寺《とうしょうだいじ》など

●文学…『**万葉集**《まんようしゅう》』、『**古事記**』、『**日本書紀**』、『風土記《ふどき》』など

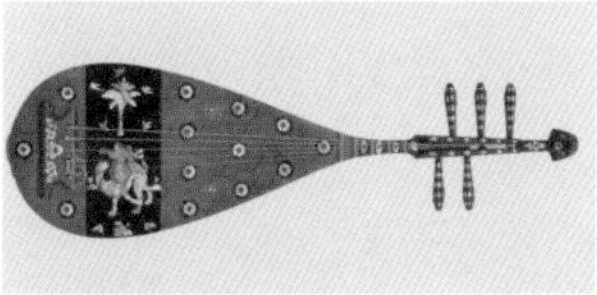

↑**螺鈿紫檀五絃琵琶**《らでんしたんごげんびわ》（正倉院宝物）

5弦の琵琶はインドが起源とされる。

＊解答と解説…別冊 p.23
＊時　間………15分

得点　　点／50点

1 次の各問いに答えなさい。

〈5点×4、⑵はそれぞれ完答（順不同）〉

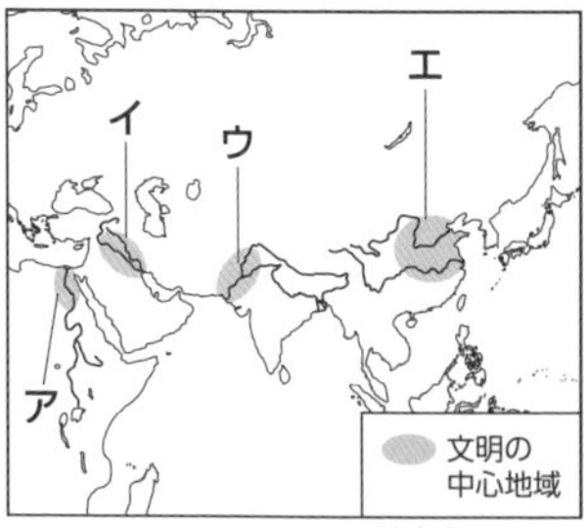

⑴ 次の文にあてはまる古代文明の発祥地《はっしょうち》を、右の地図中のア～エから1つ選び、記号で答えなさい。　〔　　〕

◇ 紀元前3000年ごろから神殿《しんでん》を中心に都市国家が生まれた。くさび形文字が使用され、月の満ち欠けをもとに太陰暦《たいいんれき》が考え出された。

⑵ 次の文にあてはまる時代に関連するものを、あとの語群からそれぞれ2つずつ選びなさい。

① 人々は磨製《ませい》石器を使用し、狩りや漁、採集の生活をしていた。食料は共同で集めて備蓄《びちく》して、公平に分け合っていた。　〔　　・　　〕

② 強い力をもつ王を中心に、有力な豪族が連合した勢力が生まれた。王や有力な豪族たちの巨大《きょだい》な墓がつくられた。　〔　　・　　〕

③ 大陸から九州《きゅうしゅう》北部に伝わった稲作《いなさく》が各地に広まった。また貧富の差が生まれ、支配者となる者が現れて、小さな国々ができた。　〔　　・　　〕

語群 ： 弥生土器　埴輪《はにわ》　卑弥呼《ひみこ》　土偶　前方後円墳《ぜんぽうこうえんふん》　縄文土器

2 右の年表を見て、次の各問いに答えなさい。

〈5点×6〉

593	①聖徳太子が政治に参加する
645	大化《たいか》の改新が始まる
	↕ X
710	②平城京《へいじょうきょう》に都が移される
752	③大仏の開眼式が行われる
794	④平安京に都が移される
1016	⑤藤原道長が摂政となる

⑴ ①について、聖徳太子が家柄《いえがら》にとらわれず、才能や功績のある人物を役人に取り立てるために設けた制度を何といいますか。　〔　　〕

⑵ ②のころに成人男子に課された、労役の代わりに布を納める税を何といいますか。次のア～ウから1つ選び、記号で答えなさい。

ア 庸　**イ** 調　**ウ** 租　〔　　〕

⑶ ③のころに最も栄えた文化の特色にあてはまるものを次のア～ウから1つ選び、記号で答えなさい。

ア 日本の風土や生活に合った貴族文化　**イ** 唐の文化の影響を受けた、国際色豊かな文化
ウ 日本で初めての仏教文化　〔　　〕

⑷ ④について、平安京に都を移した天皇は誰《だれ》ですか。　〔　　〕

⑸ ⑤について、このころ藤原氏は朝廷《ちょうてい》の高い地位を独占《どくせん》しました。藤原氏が朝廷の高い地位を独占できた理由を、「娘《むすめ》」「天皇」の語句を用いて簡潔に答えなさい。

〔　　　　〕

⑹ 年表中のXの期間におきたできごとを次のア～エから1つ選び、記号で答えなさい。

ア 遣唐使の派遣が停止された。　**イ** 墾田永年私財法が制定された。
ウ 空海《くうかい》が真言宗を開いた。　**エ** 天皇のあと継ぎ争いから壬申の乱がおきた。　〔　　〕

社会 7日目 歴史

中世社会の展開

基礎の確認

●〔　　〕や□に適する語句を書き入れましょう。（解答▶別冊 p.24）

1 武士のおこりと鎌倉幕府

▶武士の成長…〔①　　　　〕・**平氏**《へいし》が台頭。東北《とうほく》地方に**奥州藤原氏**《おうしゅうふじわらし》

▶〔②　　　　〕…白河《しらかわ》天皇が**上皇**《じょうこう》になったあとも政治を動かす
└位を譲った天皇

▶平氏政権…**保元**《ほうげん》**の乱**（1156年）、**平治**《へいじ》**の乱**（1159年）後に**平清盛**《たいらのきよもり》が権力を握《にぎ》り、武士初の**太政大臣**《だいじょうだいじん》就任。〔③　　　　〕**貿易**を行う⇨平氏は壇ノ浦《だんのうら》で滅亡《めつぼう》

▶鎌倉《かまくら》幕府の成立…1185年、〔④　　　　〕が**守護**《しゅご》・**地頭**《じとう》を設置
国内の軍事・警察┘　└年貢の取り立て

a）封建《ほうけん》制度…**将軍**と**御家人**《ごけにん》が**御恩**《ごおん》と**奉公**《ほうこう》の関係を結ぶ

b）**執権**《しっけん》**政治**…〔⑤　　　　〕**氏**が代々、**執権**として政治を行う

c）**承久**《じょうきゅう》**の乱**（1221年）…**後鳥羽**《ごとば》**上皇**が挙兵⇨幕府側勝利⇨**六波羅探題**《ろくはらたんだい》設置
└朝廷の監視

d）〔⑥　　　　〕…**北条泰時**《ほうじょうやすとき》が制定。武家政治の手本に
└御家人に裁判の基準を示す

▶鎌倉文化…武士の気風を反映し、力強い⇨新しい仏教が誕生
└東大寺南大門の金剛力士像など

宗派		開祖	宗派		開祖
念仏宗	⑦　　宗	法《ほう》然《ねん》		日蓮宗《にちれんしゅう》	日蓮
念仏宗	浄土真宗《じょうどしんしゅう》	⑧	禅宗	臨済宗《りんざいしゅう》	栄《よう》《えい》西《さい》《さい》
念仏宗	時宗《じしゅう》	一遍《いっぺん》	禅宗	曹洞宗《そうとうしゅう》	⑨

2 モンゴルの襲来と室町幕府

▶元寇《げんこう》

a）原因…**フビライ＝ハン**が服属を要求⇨**北条時宗**《ときむね》が拒否《きょひ》
└モンゴル帝国５代皇帝。国号を元とした

b）経過…元軍が九州北部に二度襲来⇨暴風雨などで退却《たいきゃく》
1274年の文永の役、1281年の弘安の役┘

c）結果…御家人の生活苦⇨〔①　　　　〕の効果は一時的
└御家人の借金を帳消し

▶鎌倉幕府の滅亡…〔②　　　　〕が**足利尊氏**《あしかがたかうじ》らを味方に倒幕《とうばく》

▶〔③　　　　〕**の新政**…〔②〕による公家重視の政治⇨武士の不満が高まる⇨〔②〕の**南朝**と足利尊氏の**北朝**に分裂《ぶんれつ》（**南北朝の動乱**）
吉野（奈良県）に逃れる┘　└京都に新たな天皇を立てる

▶**室町幕府**《むろまち》の成立…1338年、**足利尊氏**が征夷《せいい》大将軍に任命され幕府を開く。〔④　　　　〕は南北朝を統一し、**日明貿易**《にちみん》（勘合貿易）を始める
└３代将軍

▶産業の発達…**定期市**が発達。商工業者は〔⑤　　　　〕を結成
└同業者組合

▶農民の成長…農民が**惣**《そう》（**惣村**《そうそん》）を結成。**土一揆**《つち(ど)いっき》をおこす
自治組織┘　└借金の帳消しなどを求めた

▶室町文化

a）〔④〕が**金閣**《きんかく》、〔⑥　　　　〕が**銀閣**を建てる

b）**観阿弥**《かんあみ》・**世阿弥**《ぜあみ》が能（能楽）を大成、**雪舟**《せっしゅう》が**水墨画**《すいぼくが》

c）〔⑦　　　　〕…禅宗《ぜんしゅう》寺院の様式を取り入れた建築様式

▶**戦国時代**…〔⑧　　　　〕**の乱**（1467～1477年）がおこり、戦乱が全国へ広がる⇨**下**《げ》**剋上**《こくじょう》の風潮から各地で**戦国大名**が誕生。**分国法**で領国を支配
└下の身分の者が上の身分の者を実力でたおす

くわしく　御恩と奉公

将軍は御家人の領地を保護し、功績があると新しい土地を与《あた》えた（**御恩**）。御家人は将軍に忠誠を誓《ちか》い、戦いのときには家臣を率いて出陣《しゅつじん》した（**奉公**）。

ミス注意　鎌倉幕府と室町幕府のちがい

将軍の補佐役は、鎌倉幕府では**執権**、室町幕府では**管領**《かんれい》である。

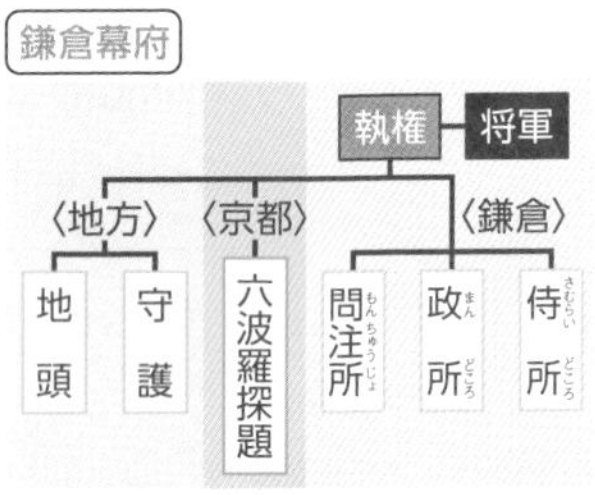

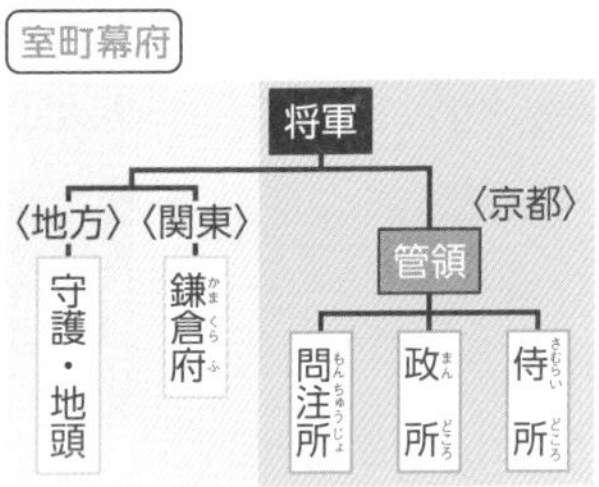

勘合《かんごう》　日明貿易で倭寇《わこう》（海賊行《かいぞくこう》為《い》をする集団）と正式な貿易船を区別するのに使われた証明書。

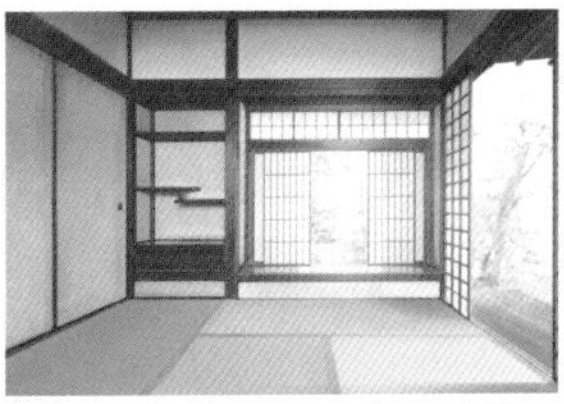
（絵・ゼンジ）

書院造《しょいんづくり》　たたみを敷《し》き、床《とこ》の間を設けるなど、現在の和風建築のもととなった。

実力完成テスト

＊解答と解説…別冊 p.24
＊時　間………15分

得点
点／50点

1　次の各問いに答えなさい。 〈5点×5〉

(1)　次の**ア**～**エ**のうち、平清盛と関連がないものを1つ選び、記号で答えなさい。

ア　武士初の太政大臣になった。　　**イ**　兵庫の港を整備して、宋《そう》と貿易を行った。

ウ　平治の乱で源義朝《みなもとのよしとも》に勝利した。　　**エ**　御成敗式目《ごせいばいしきもく》を制定した。　〔　　〕

(2)　右の鎌倉幕府のしくみの図を見て、次の各問いに答えなさい。

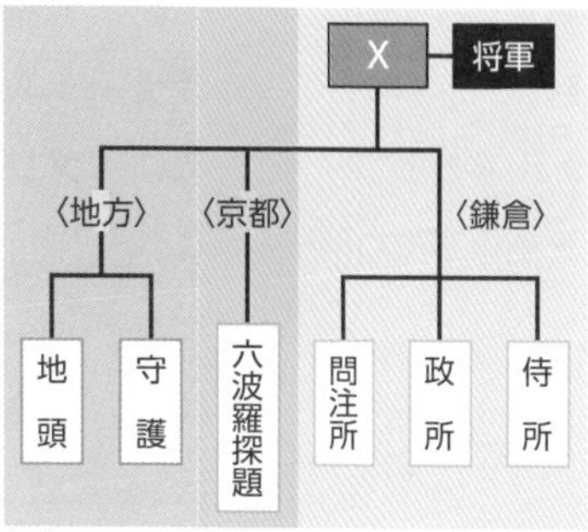

①　X にあてはまる役職を答えなさい。　〔　　〕

②　国ごとに置かれ、軍事・警察を担当し、御家人を統率した役職を、図中から1つ選びなさい。　〔　　〕

③　図中の六波羅探題は、承久の乱後に朝廷《ちょうてい》を監視《かんし》するために置かれた機関です。承久の乱をおこした人物を次の**ア**～**エ**から1つ選び、記号で答えなさい。

ア　後鳥羽上皇　**イ**　後醍醐《ごだいご》天皇　**ウ**　白河上皇　**エ**　聖武《しょうむ》天皇　〔　　〕

(3)　鎌倉仏教と開祖の組み合わせとして正しいものを次の**ア**～**エ**から1つ選び、記号で答えなさい。

ア　浄土真宗《じょうどしんしゅう》－法然《ほうねん》　**イ**　曹洞宗《そうとうしゅう》－栄西《ようさい》　**ウ**　時宗《じしゅう》－一遍《いっぺん》　**エ**　浄土宗－親鸞《しんらん》　〔　　〕

2　次のA～Dの鎌倉時代～室町時代のできごとを読んで、あとの各問いに答えなさい。 〈5点×5、(1)は完答〉

A　明から「日本国王」と認められた足利義満《よしみつ》は、明と貿易を始めた。
B　元軍《げんぐん》が九州北部に襲来《しゅうらい》したが、暴風雨などもあり退却した。
C　守護大名の対立や将軍のあと継《つ》ぎ争いから応仁《おうにん》の乱がおこり、戦いは全国に広がった。
D　建武《けんむ》の新政が始まったが、公家重視の政策に武士の不満が高まった。

(1)　A～Dを年代の古い順に並べかえなさい。

〔　　→　　→　　→　　〕

(2)　Aについて、明との貿易では右のような証明書が用いられました。このような証明書が用いられた理由を簡潔に答えなさい。

〔　　〕

(3)　Bについて、このときの幕府の執権を次の**ア**～**エ**から1つ選び、記号で答えなさい。　〔　　〕

ア　北条泰時　**イ**　北条時宗　**ウ**　北条政子《まさこ》　**エ**　北条時政《ときまさ》

(4)　Cについて、このあと日本は戦国時代に入り、下の身分の者が上の身分の者を実力でたおす風潮が広がりました。この風潮のことを何といいますか。　〔　　〕

(5)　室町時代の文化の説明として誤っているものを次の**ア**～**エ**から1つ選び、記号で答えなさい。

ア　雪舟が水墨画をえがいた。　　**イ**　観阿弥・世阿弥が能を大成した。

ウ　寝殿造《しんでんづくり》が生まれた。　　**エ**　足利義政《よしまさ》が銀閣を建てた。　〔　　〕

社会 8日目 歴史

近世の日本と世界

基礎の確認

●〔　　〕や□に適する語句を書き入れましょう。（解答▶別冊 p.24）

❶イスラム世界とヨーロッパ世界の展開

▶イスラム帝国《ていこく》…8世紀に大帝国となり、貿易で利益を得る

▶〔①　　　　〕の遠征《えんせい》…イスラム勢力から聖地奪回《だっかい》を図る
└ローマ教皇の呼びかけで始まる　└エルサレム

▶ルネサンス…14世紀に**イタリア**で始まり西ヨーロッパ各地へ
(文芸復興)

▶新航路の開拓《かいたく》

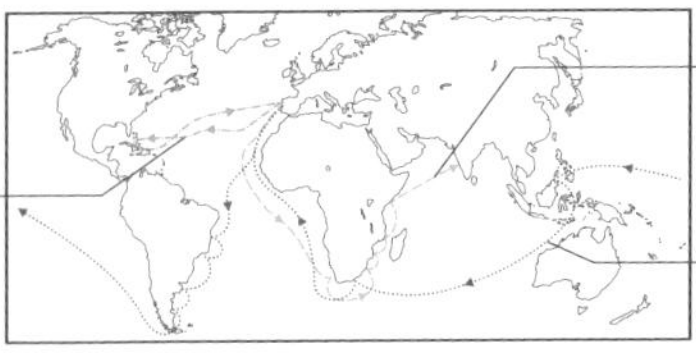

〔②　　　　〕
└西インド諸島へ到達

バスコ=ダ=ガマ
└インド航路を開拓

〔③　　　　〕の船隊
└世界一周を達成

❷ヨーロッパ人の来航と全国統一

▶鉄砲《てっぽう》の伝来…1543年、ポルトガル人が〔①　　　　〕島に伝える
└鹿児島県

▶キリスト教の伝来…1549年、〔②　　　　〕が鹿児島に伝える

▶**織田信長《おだのぶなが》**の統一事業…**室町《むろまち》幕府を滅《ほろ》ぼし**、〔③　　　　〕**の戦い**に勝利。市《いち》での税を免除《めんじょ》し、座《ざ》の特権を廃止《はいし》する（**楽市《らくいち》・楽座《らくざ》**）
鉄砲を有効に使い武田氏を破る┘

▶**豊臣秀吉《とよとみひでよし》**の全国統一…1590年に全国統一を達成。朝鮮《ちょうせん》を侵略《しんりゃく》

政策
a）〔④　　　　〕…田畑の面積を調べ生産量を石高《こくだか》で表す
b）**刀狩《かたながり》**…農民や寺社などから武器を取り上げる
└一揆を防ぎ、農民を田畑の耕作に専念させる

▶〔⑤　　　　〕**文化**…大名や大商人の気風を反映して豪華《ごうか》で壮大《そうだい》

❸江戸幕府の政治と江戸時代の文化・学問

▶**江戸《えど》幕府**の成立…〔①　　　　〕が征夷《せいい》大将軍となり幕府を開く
└関ヶ原の戦いに勝利

政策
a）**幕藩《ばくはん》体制**…将軍を中心に幕府と藩が土地と民衆を支配
b）〔②　　　　〕…**参勤交代《さんきんこうたい》**などで大名を統制する
└3代将軍家光のときに追加
c）**鎖国《さこく》**…1637年、〔③　　　　〕**一揆**⇨1639年にポルトガル船の来航を禁止。長崎の**出島《でじま》**でオランダと貿易
└幕府による禁教・貿易統制・外交独占
1641年に平戸のオランダ商館を移す┘

主な改革

享保《きょうほう》の改革	**徳川吉宗《とくがわよしむね》**	**公事方御定書《くじかたおさだめがき》**の制定、目安箱の設置
④	**松平定信《まつだいらさだのぶ》**	朱子学以外の儒学の禁止、武士の借金を帳消し
天保《てんぽう》の改革	⑤	**株仲間《かぶなかま》の解散**、風紀や出版の統制

▶〔⑥　　　　〕**文化**…**上方《かみがた》中心**に栄えた、活気のある町人文化
└大阪や京都

▶〔⑦　　　　〕**文化**…**江戸中心**に栄えた、皮肉などを好む町人文化

▶学問…〔⑧　　　　〕学で**杉田玄白《すぎたげんぱく》**ら、**国学《こくがく》**で**本居宣長《もとおりのりなが》**らが活躍《かつやく》
└『解体新書』を出版　└『古事記伝』を著す

確認　宗教改革

ローマ教皇による免罪符《めんざいふ》の販売《はんばい》を批判し、1517年にドイツで**ルター**が**宗教改革**を始めた。結果、**プロテスタント**と呼ばれる新しい宗派《しゅうは》が生まれた。これに対し、カトリック（旧教）は**イエズス会**を結成し、世界各地で布教した。

くわしく　桃山《ももやま》文化

●建築…**姫路城《ひめじじょう》**など天守をもつ城。

●芸術…**狩野永徳《かのうえいとく》**が豪華な濃絵《だみえ》をえがき、**千利休《せんのりきゅう》**がわび茶を完成。

(ColBase)

唐獅子図屏風《からじしずびょうぶ》（狩野永徳作）

くわしく　江戸幕府のしくみ

老中《ろうじゅう》が幕府政治を取りまとめる。

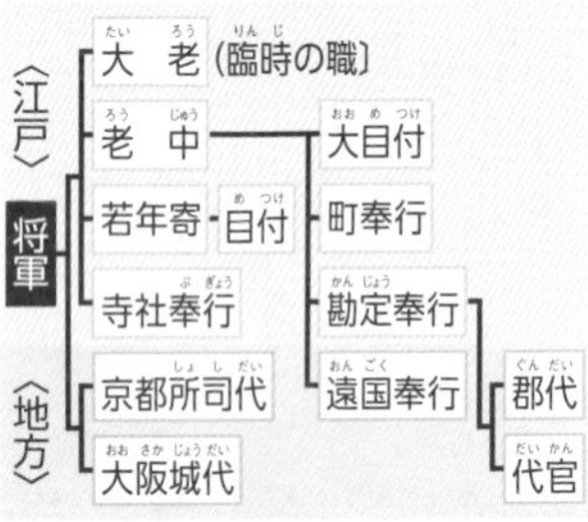

確認　江戸時代の産業・交通

●農業…備中《びっちゅう》ぐわなどの農具が開発され、**新田開発**が進んだ。

●商業…大商人・手工業者が同業者組合の**株仲間**を結成した。

●交通…陸上で**五街道**、水上で**東廻《まわ》り航路・西廻り航路**が発達。

くわしく　元禄《げんろく》文化と化政《かせい》文化

●**元禄文化**…**井原西鶴《いはらさいかく》**や**近松門左衛門《ちかまつもんざえもん》**、俳諧《はいかい》では**松尾芭蕉《まつおばしょう》**が活躍。菱川師宣《ひしかわもろのぶ》が**浮世絵《うきよえ》**を始める。

●**化政文化**…風景画で**葛飾北斎《かつしかほくさい》**が「富嶽三十六景《ふがくさんじゅうろっけい》」、**歌川広重《うたがわひろしげ》**が「東海道五十三次《とうかいどうごじゅうさんつぎ》」をえがく。

実力完成テスト

＊解答と解説…別冊 p.24
＊時　間………15分

得点　　　点／50点

1 次の各問いに答えなさい。 〈5点×4〉

⑴ 右の地図を見て、次の各問いに答えなさい。

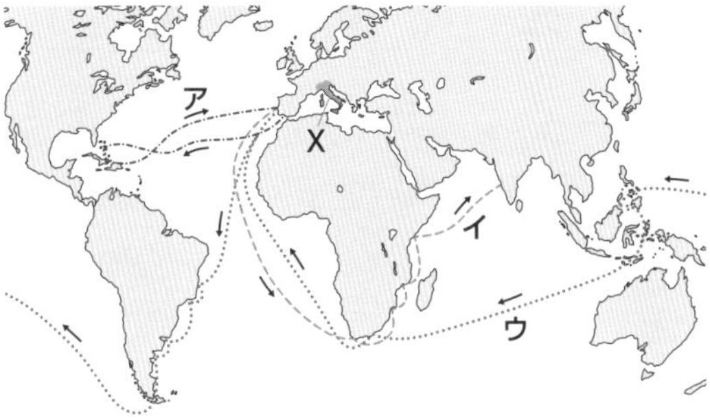

① **ア～ウ**は、15世紀から16世紀に開拓された新航路です。バスコ＝ダ＝ガマが開拓した航路を１つ選び、記号で答えなさい。〔　　〕

② **X**の国の都市から始まった、古代ギリシャ・ローマの文化を理想とする新しい風潮を何といいますか。カタカナ５字で答えなさい。

〔　　　　〕

⑵ 右の史料を見て、次の各問いに答えなさい。

> 一、諸国の百姓《ひゃくしょう》たちが、刀・脇《わき》差《ざし》・弓・槍《やり》・鉄砲《てっぽう》その他の武具類を持つことをかたく禁止する……
> （一部要約）

① 史料の法令を出した人物は誰《だれ》ですか。

〔　　　　〕

② ①の人物が史料の法令を出した目的を、簡潔に答えなさい。

〔　　　　　　　　　　〕

2 次の各問いに答えなさい。 〈5点×6〉

⑴ 右の史料を見て、次の各問いに答えなさい。

> 一、文武弓馬《ぶんぶきゅうば》の道にはげむこと。
> 一、大名は領地と江戸に交代で住み、毎年４月中に参勤せよ。
> 一、新しく城を築いてはいけない。
> （一部要約）

① 下線部の制度を何といいますか。漢字４字で答えなさい。

〔　　　　〕

② ①を制度化した江戸幕府の将軍を、次の**ア～エ**から１つ選び、記号で答えなさい。

ア 徳川慶喜《とくがわよしのぶ》　　**イ** 徳川綱吉《つなよし》
ウ 徳川家光《いえみつ**》**　　**エ** 徳川家康《いえやす》　　〔　　〕

⑵ 江戸幕府の８代将軍の徳川吉宗《よしむね》が行った改革を何といいますか。また、その改革の内容にあてはまるものを次の**ア～エ**から１つ選び、記号で答えなさい。

ア 株仲間を解散させた。　　**イ** 幕府の学問所では朱子学《しゅしがく》以外の儒学《じゅがく》を禁止した。
ウ 武士の借金を帳消しにした。　　**エ** 公事方御定書《くじかたおさだめがき》を制定した。

改革名〔　　　　　　　〕　記号〔　　〕

⑶ 右の地図を見て、次の各問いに答えなさい。

① 鎖国中にオランダ商館が置かれ、オランダとの貿易の窓口となっていた場所を、地図中の**ア～ウ**から１つ選び、記号で答えなさい。〔　　〕

② **X**や**Y**の都市を中心に栄えた江戸時代の文化を、次の**ア～ウ**から１つ選び、記号で答えなさい。

ア 化政文化　　**イ** 元禄文化　　**ウ** 桃山文化　　〔　　〕

近代国家の成立と展開

基礎の確認

●〔　　〕や□に適する語句を書き入れましょう。（解答▶別冊 p.25）

❶ ヨーロッパの近代化と日本の開国

▶市民革命
- a）イギリス…**ピューリタン革命**、**名誉《めいよ》革命**⇨「**権利章典**」(権利の章典)
- b）アメリカ…イギリスからの独立戦争⇨**独立宣言**を発表
- c）フランス…**フランス革命**⇨〔①　　　　〕を発表 └自由・平等や国民主権を唱える

▶**産業革命**…〔②　　　　〕で始まる⇨**資本主義**社会が発展 └綿工業から

▶日本の開国…1853年、**ペリー**が浦賀《うらが》に来航して開国を求める └現在の神奈川県
- a）〔③　　　　〕**条約**…２港を開きアメリカ船に水や燃料を供給 └1854年
- b）〔④　　　　〕**条約**…５港を開き、貿易が始まる └1858年、大老井伊直弼が調印

▶江戸《えど》幕府の滅亡《めつぼう》…薩摩藩《さつまはん》や長州《ちょうしゅう》藩は攘夷《じょうい》の不可能を知り、倒幕《とうばく》へ
- a）**薩長《さっちょう》同盟**…**坂本龍馬《さかもとりょうま》**の仲介《ちゅうかい》で、薩摩藩と長州藩が手を結ぶ
- b）〔⑤　　　　〕…1867年、**徳川慶喜《とくがわよしのぶ》**が政権を朝廷《ちょうてい》に返上 15代将軍┘
  ⇨朝廷が**王政復古の大号令**を出す⇨**戊辰《ぼしん》戦争**がおこる 旧幕府軍と新政府軍との戦い┘

❷ 明治維新の改革と立憲制国家の成立

▶**明治維新《めいじいしん》**…〔①　　　　〕の政策で、経済の発展、軍隊の強化
- a）**五箇条《ごかじょう》の御誓文《ごせいもん》**…1868年、新政府の政治の基本方針を示す
- b）中央集権国家へ…**版籍奉還《はんせきほうかん》**⇨1871年、**廃藩置県《はいはんちけんじっし》**実施 藩を廃止し、府・県を置く┘
- c）三大改革

学制	近代的な**学校制度の基本**を定める
②	地価の３％を**現金で納める**⇨税収入が安定
③	満20歳以上の男子に**兵役の義務**

- d）〔④　　　　〕…**富岡《とみおか》製糸場**などの**官営模範《もはん》工場**を設立 └近代産業の育成 └群馬県

▶自由民権運動…〔⑤　　　　〕らが**民撰《みんせん》議院設立の建白書**を提出⇨**国会期成同盟**⇨国会開設の勅諭《ちょくゆ》、**自由党**・**立憲改進党**の結成 板垣退助ら┘ └大隈重信ら

▶大日本帝国《ていこく》憲法…主権は天皇。〔⑥　　　　〕が憲法草案を作成 └1889年に発布 └1885年の内閣制度発足で初代首相に

▶帝国議会…〔⑦　　　　〕と**衆議院**の二院制。選挙権は限定的 直接国税を15円以上納める満25歳以上の男子┘

❸ 日清戦争と日露戦争

▶**日清《にっしん》戦争**(1894～95年)…**甲午《こうご》農民戦争**がきっかけ。日本の勝利⇨〔①　　　　〕**条約**を結ぶ。清は朝鮮《ちょうせん》の独立を承認、日本は領土と賠償金《ばいしょうきん》を獲得《かくとく》 └朝鮮でおこる

▶〔②　　　　〕…露・独・仏が日本に**遼東《りょうとう》《リアオトン》半島**の返還《へんかん》を求める

▶**日露《にちろ》戦争**(1904～05年)…満州《まんしゅう》・韓国《かんこく》をめぐる争いから開戦⇨アメリカの仲介《ちゅうかい》で〔③　　　　〕**条約**を結ぶ。賠償金を得られず、国内で暴動 └日本は南満州鉄道の権益などを獲得

確認 ヨーロッパのアジア侵略《しんりゃく》

ヨーロッパ諸国は市場と原料の供給地を求めてアジアへ進出した。その先頭がイギリスだった。

●**アヘン戦争**…イギリスと清《しん》との戦争。イギリスが勝利し、清に不平等な**南京《ナンキン》条約**を結ばせる。

くわしく 幕末の開港地

※下田は日米修好通商条約の締結で閉鎖

くわしく 不平等条約の内容

日米修好通商条約は不平等な条約で、改正に長い年月がかかった。

●**領事裁判権を認める**…日本で罪《つみ》を犯した外国人を、日本の法律で裁けない。⇨1894年に陸奥《むつ》宗光《むねみつ》が撤廃《てっぱい》に成功。

●**関税自主権がない**…輸入品にかける税金（関税）の率を、日本が自主的に決められない。⇨1911年に小村寿太郎《こむらじゅたろう》が完全に回復。

確認 文明開化

明治維新により、欧米《おうべい》の文化がさかんに取り入れられたこと。

くわしく 下関《しものせき》条約の主な内容

実力完成テスト

＊解答と解説…別冊 p.25
＊時　間………15分

得点　点／50点

1 次の各問いに答えなさい。

〈5点×5、⑵①④は完答〉

⑴　右の史料は人権宣言の一部です。この宣言が発表された国を次の**ア**～**エ**から1つ選び、記号で答えなさい。

第1条　人は生まれながらにして自由・平等の権利をもつ。
第3条　あらゆる主権の源は、本来国民の中にある。（一部要約）

ア　アメリカ　　**イ**　イギリス
ウ　スペイン　　**エ**　フランス　〔　　〕

⑵　次の**A**～**E**の文を読んで、あとの各問いに答えなさい。

A　朝廷が王政復古の大号令を出した。
B　坂本龍馬の仲介で薩長同盟が結ばれた。
C　日米和親条約が結ばれた。
D　日米修好通商条約が結ばれた。
E　幕府の将軍が政権を朝廷に返した。

①　**C**について、日米和親条約の開港地を右の地図中の**ア**～**オ**から2つ選び、記号で答えなさい。　〔　　・　　〕
②　**D**について、日米修好通商条約は日本に関税自主権がない不平等な内容でした。関税自主権とはどのような権利ですか。
〔　　　　〕
③　**E**について、政権を朝廷に返した将軍は誰《だれ》ですか。〔　　〕
④　**A**～**E**を年代の古い順に並べかえなさい。　〔　→　→　→　→　〕

2 右の年表を見て、次の各問いに答えなさい。

〈5点×5、⑶は完答〉

1868	五箇条の御誓文が出される
1869	①版籍奉還が行われる
1873	②地租改正が行われる
	↕ X
1890	③第1回帝国議会が開かれる
1895	④下関条約が結ばれる
1905	⑤ポーツマス条約が結ばれる

⑴　①のあとに行われた、藩を廃止して府・県を置き、中央から府知事・県令を派遣《はけん》して治めさせたことを何といいますか。　〔　　〕

⑵　②の地租《ちそ》改正について説明した次の文中の□□□にあてはまる語句を答えなさい。
◇　土地の値段（地価）を定めて、土地所有者に地価の3％を□□□で納めさせた。　〔　　〕

⑶　③の帝国議会が開かれるまでの、年表中の**X**の期間について、次の**ア**～**エ**のできごとを年代の古い順に並べかえなさい。
ア　国会期成同盟の結成　　**イ**　民撰議院設立の建白書の提出
ウ　大日本帝国憲法の発布　　**エ**　内閣制度の発足　〔　→　→　→　〕

⑷　④の下関条約の内容として誤っているものを次の**ア**～**ウ**から1つ選び、記号で答えなさい。
ア　清は日本に南満州鉄道の権益を譲《ゆず》る。　**イ**　清は日本に賠償金を支払《しはら》う。
ウ　清は朝鮮の独立を承認する。　〔　　〕

⑸　⑤のポーツマス条約について、日本国内では条約の内容に不満が高まり暴動がおきました。その理由を簡潔に答えなさい。　〔　　〕

社会 10日目

中1・2全範囲

総復習テスト

▶解答と解説……別冊 p.25
▶時　間…………30分

得点
点／100点

1 右の地図を見て、次の各問いに答えなさい。

（山口県）〈8点×3〉

⑴　地図中のロンドンを通る、経度0度の経線を何といいますか。

〔　　　　　　　　〕

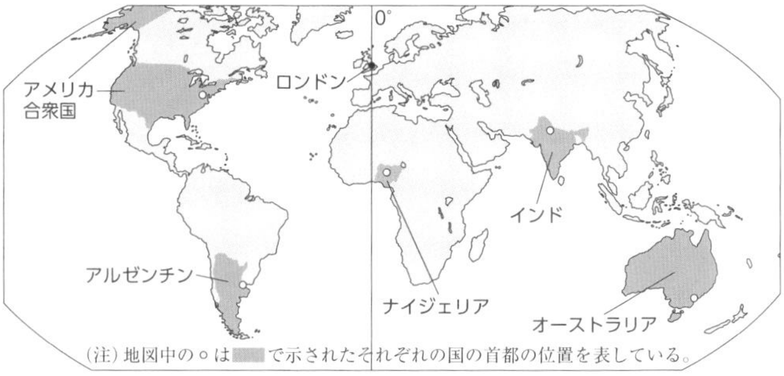

（注）地図中の○は　　で示されたそれぞれの国の首都の位置を表している。

⑵　地図中の　　で示した5か国について述べた文として正しいものを、次のア～エから1つ選び、記号で答えなさい。〔　　〕

ア　5か国のうち、南半球に位置する国は2つである。

イ　5か国のうち、ユーラシア大陸に位置する国は2つである。

ウ　5か国のうち、首都の経度が西経で表示される国は3つである。

エ　5か国のうち、最も早く1月1日を迎《むか》える国はアメリカ合衆国である。

⑶　右の表は、地図中の　　で示した5か国に関するデータをまとめたものです。ナイジェリアにあてはまるものを、表中のア～オから1つ選び、記号で答えなさい。〔　　〕

国名	人口（千人）	1人あたりのGNI（ドル）	輸出総額（百万ドル）	輸出額1位の品目と、その額が総額に占める割合（%）
ア	213401	1868	47230	原油　(76.2)
イ	1407564	2239	394800	石油製品　(13.9)
ウ	25921	64490	342000	鉄鉱石　(33.9)
エ	336998	70081	1753100	機械類　(22.8)
オ	45277	10590	77930	とうもろこし　(10.8)

（2021年）（「世界国勢図会2023/24」）

2 右の地図を見て、次の各問いに答えなさい。

（栃木県）〈⑴は8点、⑵は各12点〉

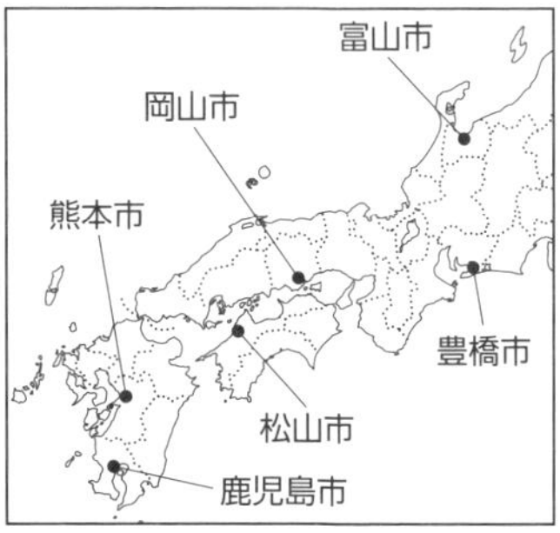

⑴　冬季（12、1、2月）の月別平均降水量の合計が最も多い都市を、次のア～エから1つ選び、記号で答えなさい。〔　　〕

ア　豊橋市《とよはしし》　**イ**　富山市　**ウ**　松山市《まつやまし》　**エ**　熊本市

⑵　左下の表は、地図中の豊橋市、富山市、岡山市、鹿児島市における2020年の農業産出額の総額に占《し》める、米、野菜、果実、畜産《ちくさん》の産出額の割合（%）を示しており、右下の文は、豊橋市の農業の特徴《とくちょう》についてまとめたものです。［X］にあてはまる文を簡潔に書きなさい。また、［Y］にあてはまる文を、「大都市」の語句を用いて簡潔に書きなさい。

X〔　　　　　　　　　　　　〕　Y〔　　　　　　　　　　　　〕

	米	野菜	果実	畜産
豊橋市	4.3	51.4	7.5	31.3
富山市	69.4	10.5	9.1	6.0
岡山市	36.8	22.1	22.7	12.9
鹿児島市	3.6	7.8	2.3	81.8

（「市町村別農業産出額」により作成）

表から、豊橋市の農業には、他の都市と比べて［X］という特徴があることが読み取れる。このような特徴がみられる主な理由の1つとして、東名《とうめい》高速道路のインターチェンジに近いことをいかし、［Y］ということが考えられる。

3 次の表は、さおりさんの学級で、歴史的分野を学習したときの内容をまとめたものです。これを見て、あとの各問いに答えなさい。

(三重県改) 〈(4)は12点、他は８点×４〉

聖徳太子《しょうとくたいし》は、①中国に小野妹子《おののいもこ》らを派遣《はけん》し、対等の立場で国交を結ぼうとした。
桓武《かんむ》天皇は、寺院勢力の強い平城京《へいじょうきょう》から、京都の②平安京《へいあんきょう》に都を移した。
源頼朝《みなもとのよりとも》は、鎌倉《かまくら》を本拠《ほんきょ》として指揮をとり、③集まってきた武士と主従関係を結んで御家人《ごけにん》とし、武家の政治のしくみを整えた。
1858年にアメリカやイギリスなどと通商条約が結ばれ、自由貿易が開始されると、④国内の綿織物の生産地は大きな打撃《だげき》を受けた。
各地で世が変わることへの期待と不安から、⑤「ええじゃないか」と群衆が熱狂《ねっきょう》し、歌い踊《おど》るさわぎがおこった。

(1) 下線部①について、聖徳太子が小野妹子らを派遣したときの中国の王朝を何といいますか。次の**ア〜エ**から１つ選び、記号で答えなさい。 〔　　〕

ア 秦《しん》　**イ** 漢《かん》　**ウ** 魏《ぎ》　**エ** 隋《ずい》

(2) 下線部②について、平安京が都とされてから鎌倉幕府が成立するまでの、平安時代のできごとについて述べた文を次の**ア〜エ**から１つ選び、記号で答えなさい。 〔　　〕

ア 奥州藤原氏《おうしゅうふじわらし》によって、平泉《ひらいずみ》に中尊寺《ちゅうそんじ》金色堂《こんじきどう》が建設された。

イ 聖武《しょうむ》天皇によって、東大寺《とうだいじ》が建てられ、大仏がつくられた。

ウ 運慶《うんけい》らによって、東大寺南大門《なんだいもん》の金剛力士像《こんごうりきしぞう》が制作された。

エ 観阿弥《かんあみ》・世阿弥《ぜあみ》によって、能が大成された。

〈資料1〉

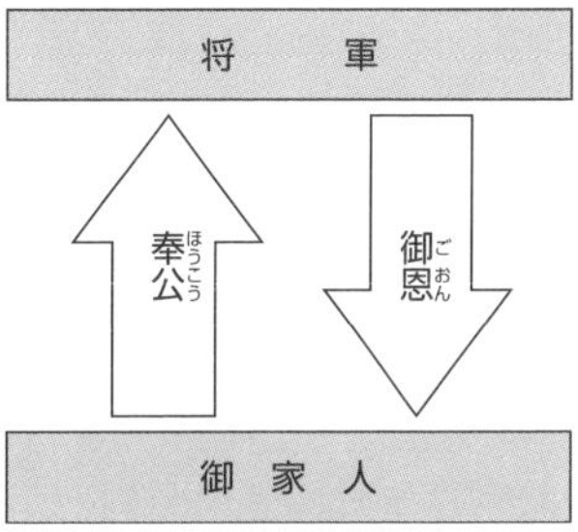

(3) 下線部③について、**資料1**は、鎌倉幕府の将軍と御家人との主従関係を模式《もしき》的に表したものです。**資料1**の御恩《ごおん》にあたるものについて述べた文を、次の**ア〜エ**から１つ選び、記号で答えなさい。 〔　　〕

ア 口分田《くぶんでん》を与《あた》えられること。　**イ** 国司《こくし》に任命されること。

ウ 領地を保護されること。　**エ** 管領《かんれい》に任命されること。

(4) 下線部④について、**資料2**は、1860年と1865年における日本の輸入総額と主な輸入品を示したもの、**資料3**は、1865年における日本の輸入総額に占める国別割合を示したものです。通商条約が結ばれ、自由貿易が開始されると、国内の綿織物の生産地が大きな打撃《だげき》を受けたのはなぜですか。**資料2**、**資料3**から読み取れることをもとにして、書きなさい。 〔　　　　　　　　　　　　　　　　〕

〈資料2〉

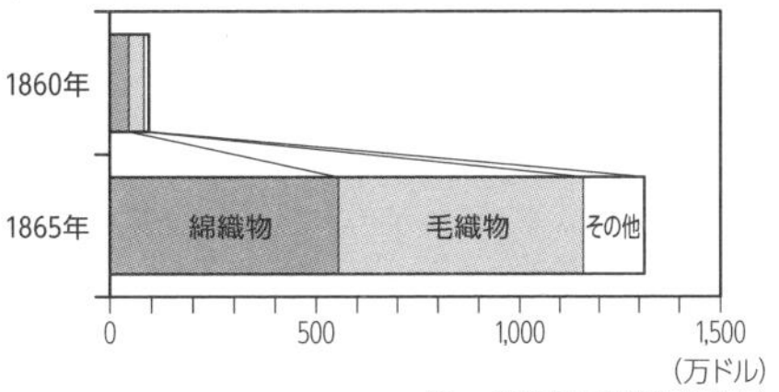

(注：綿織物には綿糸も含む)

〈資料3〉

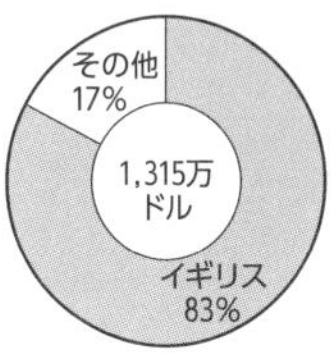

(資料2、資料3は、『横浜市史』から作成)

(5) 下線部⑤について、「ええじゃないか」というさわぎが発生したころの、日本国内でおきたできごととして誤っているものを次の**ア〜エ**から１つ選び、記号で答えなさい。 〔　　〕

ア 新政府が五箇条《ごかじょう》の御誓文《ごせいもん》を出した。　**イ** 徳川慶喜《とくがわよしのぶ》が朝廷《ちょうてい》に政権の返上を申し出た。

ウ 坂本龍馬《さかもとりょうま》の仲介《ちゅうかい》で薩長同盟《さっちょうどうめい》が結ばれた。　**エ** オランダ商館が長崎の出島《でじま》に移された。

(1)　「まもる・つくる・つなげる」とありますが、それぞれの言葉について筆者はどのように説明していますか。最も適切なものを次から選び、記号で答えなさい。〈30点〉

ア　「まもる」と「つくる」は、その対象を有形のものに限定して実践《じっせん》事例を中心に説明し、「つなげる」は、その対象を無形のものに限定して抽象《ちゅうしょう》的なイメージを中心に説明している。

イ　「まもる」と「つくる」は、それぞれ具体的な事例を二つの観点で整理して説明し、「つなげる」は、定義を明確にした上で、今後の課題を二つの観点で整理して説明している。

ウ　「まもる」と「つくる」は、それぞれ二通りの漢字表記をもとに内容を説明し、「つなげる」は、熟語を一つ加えることにより、その内容に広がりをもたせながら説明している。

エ　「まもる」と「つくる」は、今後の社会に必要なことを個人的な見解に基づいて説明し、「つなげる」は、社会集団の形成過程について、歴史的な見解に基づいて説明している。　〔　　〕

(2)　次の文が、筆者がサステイナビリティの和訳を「まもる・つくる・つなげる」とした理由となるよう、次の□に当てはまる言葉を文章中から二十字以上二十五字以内で書き抜《ぬ》きなさい。〈35点〉

　サステイナビリティの和訳を「まもる・つくる・つなげる」としたのは、この和訳が、□を着実に踏《ふ》まえた表現である上に、日常会話のなかでよく使う動詞を用いて表現することで、社会に広く浸透しやすくなることが期待できるためである。

2　次の文章を読んで、あとの問いに答えなさい。（静岡県）

　*頼義《よりよし》の郎等《らうどう》《家来》に、*近江国《あふみのくに》の住人、日置の九郎といふものあり。馬、*もののぐの出《いで》たち《よそおい》奇麗《きれい》なり《きらびやかだ》。頼義見て気色を損じ《機嫌を悪くし》、いまいましき《感心しない》有様なり、汝《なんぢ》、かならず身を亡《ほろ》ぼすべし《命を落とすだろう》、はやく売りはらふべし《売り払ってしまいなさい》、それも味方の陣《じん》には売るべからず《売ってはならない》、敵方へ売るべし《売りなさい》。九郎かしこまつて《恐縮して》、後日のいくさに、また先《以前》におとらぬ奇麗をつくしたるもののぐを着たり。着替《きがえ》の料《代品》なりといふ。頼義、なほ身を失ふ相なり《やはり命を落とす格好である》、売りはらふべし、かまへて《絶対に》着《ちやく》すべからずと。次の日には、黒革縅《くろかはをどし》の古き《黒色のよろいで古いもの》を着たり。頼義、これこそめでたしめでたし《喜ばしく結構である》と仰《おほ》せ《お言葉》あり。奇麗《着飾ること》にたから《金銭》をつひやせば、家まづしくなりて、よき郎等を扶持《ふち》すべき《召し抱えることができる》ちからなし、されば《それゆえ》、敵にむかひて《相対して》亡びやすしと、仰せありしなり。

（志賀忍《しがしのぶ》・原義胤《はらよしたね》『三省録《さんせいろく》』より）

*頼義＝源頼義。平安時代の武将。　*近江国＝昔の国名。今の滋賀県。
*もののぐ＝よろいなどの武具。

◆　頼義が、九郎に対して、命を落とすことになるという内容の発言をしたのは、頼義にどのような考えがあったからですか。頼義の考えを、現代語で書きなさい。〈35点〉

〔　　〕

総復習テスト

▼解答と解説…別冊p.27
▼時間……30分

得点　　点／100点

1 次の文章は、サステイナビリティの和訳について述べたものである。読んで、あとの問いに答えなさい。（山口県・改）

和訳を考える際には、まずは訳そうとしている概念《がいねん》の意味するところや細かなニュアンスを、誰《だれ》にとってもわかりやすい言葉で説明できる必要があります。サステイナビリティがもともと含《ふく》んでいる意味合いを取りこぼさないようにしながら日本語で説明するとしたら、どのような表現があるでしょうか。私なりに、サステイナビリティと持続可能な開発の概念が含んでいる「ある物や事を下から支え続けながら、次世代に手渡《てわた》していく」という意味合いを含んだ表現を考えてみました。色々な表現を検討しながらも、本章を書いている今日のところまででいちばん納得感があるのが、次の表現です。

サステイナビリティとは、今日まで私たちの社会のなかで大事にされてきたことをまもりながら、これから新しく私たちの社会のなかで大切にされてほしいことをきちんと大切にできるような仕組みをつくり、さらにそのような考え方を次世代につなげる、という考え方のこと。

サステイナビリティをこのようにとらえ直し、再定義した上で、ではその新しい和訳を考えてみると、それは「まもる・つくる・つなげる」がよいのではないかと考えています。

ここでの「まもる」は、「守る」であり「護《まも》る」です。これまで私たちの社会のなかで大切にされてきた物事や価値観を守り保全しながら、外から害を受けないようにかばい保護することです。これには自然環境《かんきょう》や遺産など有形のものも、それぞれの地域の風土に根ざした*民《みん》俗《ぞく》芸能や信仰《しんこう》、*伝統知のような無形のものも含まれます。

「つくる」は、「作る」であり「創る」です。物理的なものや仕組みを作ることであり、アイデアや価値を創ることです。これには、低炭素社会への転換《てんかん》を図るために必要な環境技術の開発や、我々の社会に生まれる全ての子どもたちが毎日栄養のある食事を取ることができ、質の高い教育を受けることができるようにするための仕組みというようなものも含まれます。

そして「つなげる」は、「繋《つな》げる」であり「継承《けいしょう》（継《つ》いで承る）」です。人々がつながって「私たち」という共同的な主語を持つことであり、世代を超《こ》えたつながりを意味します。ここでのつなげるは、これまで私たちが社会としてまもってきたこと、これからの世の中をより良くするために新しくつくったことを、将来世代へと手渡していくことです。

こうしてサステイナビリティを「まもる・つくる・つなげる」ととらえると、いずれもが日常会話のなかでも頻繁《ひんぱん》に使う動詞ですから、より社会に広く浸透《しんとう》しやすくなるでしょう。また、これまで「持続可能な開発」と言われてきたものについても「まもり、つくり、次世代につなげる開発」と表現してみてもよさそうです。

（工藤尚悟《くどうしょうご》『私たちのサステイナビリティ——まもり、つくり、次世代につなげる』〈岩波ジュニア新書〉より）

*民俗芸能＝民間の習慣や信仰などに根ざして伝承されてきた芸能。
*伝統知＝地域において受け継がれてきた伝統的な知識や知恵《ちえ》。

与一、*鏑《かぶら》を取ってつがひ、よつぴいてひやうど放つ。②*小《こ》兵《ひやう》といふぢやう、十二*束三伏《そくみつぶせ》、弓は強し、浦響《うらひび》くほど長鳴りして、あやまたず扇の要《かなめ》ぎは一寸ばかりおいて、ひいふつとぞ射切つたる。鏑は海へ入《い》りければ、扇は空へぞ上がりける。しばしは虚空《こくう》にひらめきけるが、春風に一《ひと》もみ二《ふた》もみもまれて、海へさつとぞ散つたりける。夕日のかかやいたるに、みな紅《くれなゐ》の扇の日出《い》だしたるが、白波の上に漂《ただよ》ひ、浮《う》きぬしづみぬ揺《ゆ》られければ、沖には平家、ふなばたをたたいて③感じたり、陸には源氏、*えびらをたたいてどよめきけり。

（『平家物語』より）

*くつばみ＝馬の口に付ける金具。
*たばせたまへ＝……なさってください。
*鏑＝鏑矢。飛んでいくときに音が鳴るようにした矢。
*小兵といふぢやう＝小柄《こがら》な者とは言いながら。
*十二束三伏＝矢の長さ。約一メートル。
*えびら＝腰《こし》に負った、矢を入れる道具。

(1) ――線部①「沖には平家、舟を……これを見る」と似た形の対句《ついく》になっている部分を探し、初めと終わりの七字を書き抜《ぬ》きなさい。（句点（。）は字数に含《ふく》めない。）〈完答6点〉

～

(2) ――線部②「小兵といふぢやう」の読み方を、現代仮名遣《かなづか》いの平仮名で書きなさい。〈5点〉

(3) ――線部③「感じたり」を現代語訳しなさい。〈6点〉

3 次の漢詩を読んで、あとの問いに答えなさい。

春望《しゅんぼう》　杜甫《とほ》

国破レテ山河在リ
城春ニシテ草木深シ
①感ジテハレ時ニ花ニモ濺ギレ涙ヲ
恨ンデハレ別レヲ鳥ニモ驚カスレ心ヲ
烽火連ナリ二三月ニ一
家書抵タル二万金ニ一
白頭搔ケバ更ニ短ク
②渾欲不勝簪

国破れて山河在り
城春にして草木《さうもく》深し
時に感じては花にも涙《なみだ》を濺《そそ》ぎ

烽火三月《ほうくわさんげつ》に連なり
家書万金《かしよばんきん》に抵《あ》たる
白頭《はくとう》搔《か》けば更《さら》に短く
渾《すべ》て簪《しん》に勝《た》へざらんと欲《ほつ》す

(1) この漢詩の形式を、漢字四字で書きなさい。〈5点〉

(2) ――線部①「恨ンデハレ別レヲ鳥ニモ驚カスレ心ヲ」を書き下し文にしなさい。〈5点〉

(3) ――線部②「渾　欲　不　勝　簪」に、書き下し文に合うように、送り仮名と返り点を付けなさい。〈5点〉

渾　欲　不　勝　簪

実力完成テスト

*解答と解説…別冊p.28
*時　間……20分

得点　　点／50点

1

次の文章を読んで、あとの問いに答えなさい。

*仁和寺《にんなじ》にある法師、年寄るまで*石清水《いはしみづ》を拝まざりければ、心うく覚えて、あるとき思ひたちて、ただ一人、徒歩《かち》より詣《まう》でけり。極楽寺《ごくらくじ》・高良《かうら》などを拝みて、かばかりと心得て帰りにけり。

さて、*かたへの人にあひて、①「年ごろ思ひつること、果たしはべりぬ。聞きしにも過ぎて、尊くこそおはしけれ。そも、参りたる人ごとに山へ登りしは、何事かありけん、*ゆかしかりしかど、神へ参るこそ本意《ほい》なれと思ひて、山までは見ず。」と□言ひける。

少しのことにも、②*先達《せんだち》は*あらまほしきことなり。

（『徒然草《つれづれぐさ》』より）

*仁和寺＝京都市右京区《うきょう》にある、真言宗《しんごん》の寺。
*石清水＝石清水八幡宮《はちまんぐう》。京都府八幡市《やわた》にある。男山《おとこやま》の山上にあり、極楽寺と高良神社はその付属の寺社で、麓《ふもと》にある。
*かたへの人＝仲間。　*ゆかしかりしかど＝知りたかったけれど。
*先達＝その道の先導者。　*あらまほしき＝あってほしい。

(1) ——線部①「年ごろ思ひつること」とは、どういうことを指しますか。簡潔に書きなさい。〈5点〉

〔　　　　〕

(2) □に当てはまる助詞を次から選び、記号で答えなさい。〈5点〉

ア　ぞ　　イ　は　　ウ　のみ　　エ　も

〔　　〕

(3) ——線部②「先達はあらまほしきことなり」とあるが、「先達」がいたら、法師はどういう失敗をせずに済んだのですか。失敗の内容を簡潔に書きなさい。〈8点〉

〔　　　　〕

2

次の文章を読んで、あとの問いに答えなさい。

〔源義経《みなもとのよしつね》の率いる源氏《げんじ》方は、屋島《やしま》から舟《ふね》で海に逃《のが》れた平家《へいけ》方と、海を挟《はさ》んで相対した。そこへ、平家方から小舟が一そう現れ、舟の中の女房《にょうぼう》が、舟に立てた竿《さお》の先に扇《おうぎ》を付け、扇を射落としてみよと源氏方を挑発《ちょうはつ》した。義経はその射手《いて》に那須《なすの》与一《よいち》を選んだ。与一は、神仏に成功を祈《いの》った。〕

①沖には平家、舟を一面に並べて見物す。陸《くが》には源氏、*くつばみを並べてこれを見る。いづれもいづれも晴れならずといふことぞなき。与一目をふさいで、

「南無《なむ》八幡大菩薩《はちまんだいぼさつ》、我が国の神明《しんめい》、日光の権現《ごんげん》、宇都宮《うつのみや》、那須の湯泉《ゆぜん》大明神《だいみやうじん》、願はくは、あの扇の真ん中射させて*たばせたまへ。これを射損ずるものならば、弓切り折り自害して、人に二度《ふたたび》面《おもて》を向かふべからず。いま一度本国へ迎《むか》へんとおぼしめさば、この矢はづさせたまふな。」と心のうちに祈念《きねん》して、目を見開いたれば、風も少し吹《ふ》き弱り、扇も射よげにぞなつたりける。

次の漢詩を読んで、下の問いに答えなさい。

絶句　杜甫《とほ》

江ハ碧ニシテ鳥ハ逾ヨ白ク
山ハ青クシテ花ハ欲ス然エント
今春看ス又過グ
何レノ日カ是レ帰年ナラン

【書き下し文】

江《かう》は碧《みどり》にして鳥は逾《いよい》よ白く
山は青くして花は然《も》えんと欲《ほっ》す
今春*看《みすみ》す又《また》過ぐ
何《いづ》れの日か是《こ》れ帰年ならん

*然えんと欲す＝今にも燃え出しそうに赤い。
*看す＝あれよあれよという間に。

5 漢詩の形式

▼この漢詩の形式を次から選び、記号で答えなさい。

ア 五言絶句　**イ** 七言絶句
ウ 五言律詩　**エ** 七言律詩　〔　　〕

6 表現技法

▼この漢詩には対句《ついく》が使われています。第何句と第何句が対句になっていますか。漢数字で答えなさい。

第〔　　〕句と第〔　　〕句

7 漢詩の構成

▼春の明るい景色から、内容が転換《てんかん》するのは第何句ですか。漢数字で答えなさい。

第〔　　〕句

8 返り点

▼――線部の書き《か》下《くだ》し文に合うように、次の訓読《くんどく》文に返り点を付けなさい。

〔花ハ 欲ス 然エント〕

9 作者の心情

▼この漢詩で、春の景色と対照的にうたわれている作者の心情を次から選び、記号で答えなさい。

ア 悲憤《ひふん》　**イ** 望郷　**ウ** 旅愁《りょしゅう》　**エ** 懐古《かいこ》　〔　　〕

●漢詩の形式

一句の字数と句数によって、次のように分類される。

句数／字数	五字	七字
四句	五言絶句	七言絶句
八句	五言律詩	七言律詩

くわしく　絶句の構成

・第一句→**起句《きく》**＝うたい起こす
・第二句→**承句《しょうく》**＝起句を承《う》けて展開
・第三句→**転句《てんく》**＝一転させる
・第四句→**結句《けっく》**＝まとめて結ぶ

確認　返り点

・**レ点**＝下の字を先に読む。
例 有リレ株。（株有り。）
・**一・二点**＝二字以上を隔《へだ》てて上に返って読む。
例 好ム二学問ヲ一。（学問を好む。）

くわしく　書き《か》下《くだ》し文

訓読《くんどく》文を訓点（句読点・送り仮名・返り点）に従って、訓読したとおりに書いた文。日本語の助詞・助動詞に当たる語は平仮名で書く。

基礎の確認

（解答▼別冊 p.28）

■ 次の文章を読んで、下の問いに答えなさい。

九月ばかり、夜一夜《よひとよ》降り明かしつる雨の、今朝はやみて、朝日いとけざやかに差し出《い》でたるに、*前栽《せんざい》の露《つゆ》はこぼるばかりぬれかかりたるも、いと①をかし。*透垣《すいがい》の羅《らん》文《もん》、軒《のき》の上などは、*かいたる蜘蛛《くも》の巣のこぼれ残りたるに、雨のかかりたるが、白き玉を貫《つらぬ》きたるやうなる［　］、②いみじうあはれにをかしけれ。

少し日たけぬれば、萩《はぎ》などの、いと重げなるに、露の落つるに、枝うち動きて、人も手触《ふ》れぬに、③ふと上《かみ》ざまへ上がりたるも、いみじうをかし。と④言ひたることどもの、人の心には、*つゆをかしからじと思ふこそ、またをかしけれ。

（『枕草子《まくらのそうし》』より）

*前栽＝庭の植え込《こ》みの草木。
*透垣の羅文＝垣根《かきね》の上に付けた装飾《そうしょく》。
*かいたる＝かけた。
*つゆをかしからじ＝少しもおもしろくないだろう。

1 歴史的仮名遣《かなづか》い

▼――線部①「をかし」、④「言ひたる」の読み方を、現代仮名遣いの平仮名で書きなさい。

①〔　　〕　④〔　　〕

2 古語の意味

▼――線部②「いみじうあはれに」の現代語訳として適切なものを次から選び、記号で答えなさい。

ア とてもかわいそうで　イ とてもしみじみとして
ウ 何となく尊くて　エ 何となく意外で

〔　　〕

3 主語

▼――線部③「ふと上ざまへ上がりたる」の主語は何ですか。文章中の言葉を使って書きなさい。

〔　　〕

4 係り結び

▼［　］に当てはまる係りの助詞を、文章中から探して書きなさい。

〔　　〕

●歴史的仮名遣《かなづか》い（古文の仮名遣い）の直し方の原則

①語頭以外のハ行→わ・い・う・え・お
例 言ふ→言う
②ゐ・ゑ・を→い・え・お
例 まゐる→まいる
③ぢ・づ→じ・ず
例 はぢ→はじ（恥）
④くわ・ぐわ→か・が
例 くわじ→かじ（火事）
⑤母音がau・iu・eu・ou→ô・yû・yô・ô
例 かやう（yau）→かよう（yô）
かなしう（siu）→かなしゅう（syû）
てうど（teu-do）→ちょうど（tyôdo）（調度）

ミス注意 現代語と似ているが、意味が異なる古語
「あはれなり」は、現代語の「かわいそうだ」とは異なる意味で使われることが多い。

体力や気力が戻《もど》ってくるような、いわゆる「元気をもらった」というプラスの感覚が味わえるのです。

（㋒）

ところが、今は社会そのものがもう、小学校の子どもでさえも、青空ハイキングというより営業マンのように、基本的にノルマをこなすライフスタイルになっています。気力も体力も、お金と同じように「使えばなくなる」ということが実感になっていくのです。

そうした中で、③愛もまた誤解を受けているのですが、現実には愛は「使えば使うほど、どこかから湧き上がってきてさらに増えていく」というものの中心にあるものなのです。

C、愛するというのは、あたかも＊錬金《れんきん》術によって鉛《なまり》を貴金属に変えるような体験と言ってもいいでしょう。私の世界はすべて鉛でできていると思っていたのですが、実はそこには金やダイヤモンドやエメラルドが隠《かく》れていると言うのです。

（㋓）

ではいったい、それをどうやって探せばいいのだろう。何か特別なしかけや道具が必要なのかと思っていたら、実は私が自分のこの手で触《ふ》れるということこそが、鉛を貴金属に変える錬金術なのだということがわかるのです。

（上田紀行《うえだのりゆき》『愛する意味』〈光文社新書〉より）

＊高度成長期が始まる前＝ここではおよそ一九六〇年代以前を指す。
＊ノルマ＝決められた時間内にしなければならない労働の基準量。
＊錬金術＝ヨーロッパなどで中世まで行われた、銅・鉛などを金に変化させようとした、原始的な化学技術。

(1) ――線部①「『使うと減るモノ』の価値観がほとんどの社会」とは、ここではどのような社会を意味していますか。最も適切なものを次から選び、記号で答えなさい。〈10点〉

ア　ほとんどのものの価値がお金ではかられている社会。
イ　ほとんどの人がものは使えば減ると考えている社会。
ウ　ほとんどの人が地球の資源は有限であると考えている社会。
エ　ほとんどのものがエネルギーの消費量ではかられている社会。

（　　）

(2) ――線部②「コク使」の「コク」に当てはまる漢字を次から選び、記号で答えなさい。〈3点〉

ア　克　イ　告　ウ　酷　エ　刻

（　　）

(3) A～Cに当てはまる言葉として最も適切なものをそれぞれ選び、記号で答えなさい。（同じ記号は二度選べない。）〈3点×3〉

ア　では　イ　つまり　ウ　しかし　エ　たとえば

A（　　）B（　　）C（　　）

(4) ――線部③「愛もまた誤解を受けている」とありますが、どのような誤解を受けているのですか。「……という誤解。」という形になるようにして、書きなさい。〈18点〉

（　　）

(5) 文章中からは次の一文が抜《ぬ》けています。㋐～㋓のどの位置に入るのが最も適切ですか。記号で答えなさい。〈10点〉

しかし今は「使うとなくなるもの」の暴走が止まらないという感じです。

（　　）

8日目 説明的文章

実力完成テスト

＊解答と解説…別冊p.29
＊時　間……20分

得点　　点／50点

1 次の文章を読んで、あとの問いに答えなさい。

世界にあるものは、2つの種類に分けられます。ひとつは使うと減るものであり、もうひとつは使うとどんどん増えていくものです。

別の言い方をすれば、世界を「モノ（物質）の集合」と見るか、「エネルギーの流れ」と見るかによる違《ちが》いとも言えます。

今、私たちが籍《せき》を置いているのは、圧倒《あっとう》的に①「使うと減るモノ」の価値観がほとんどの社会なのです。

（ア）

たとえば、雨が全然降らないのに水をどんどん使っていけば、貯水池がしだいに空っぽになっていき、給水制限をしなければならないということになります。

基本的に、かたちのあるモノ（物質）というのは資源に限りがあって、それを使いきればなくなると考えられています。お金というのはその代表例で、だからこそどれだけあっても「これじゃ足りない」と、いつも不足を数えるような状況《じょうきょう》になってしまっているのです。

お金については、「使ったらなくなる」という不安も、経済社会が成り立っていくためのある種の役割を果たしています。みんなが「いくら使ってもなくならない」と思っていたら、貨幣《かへい》経済は成り立っていかないからです。

A、今の社会ではお金があまりにも価値を持ちすぎてしまったために、どんなものでも、使えばなくなると思われすぎています。

いったい、いつの頃《ころ》から使ったらなくなるものの価値観に洗脳されきった世の中になったのだろう。少なくともつい*最近高度成長期が始まる前ぐらいまでは、そういう2つの極を人間というのはゆらいでいて、どちらかが暴走しそうになったときにもう一方が止めていくというバランスのよさがあったのです。

（イ）

エネルギーの流れのように、使えばなくなるわけではないもの、むしろ使えば使うほど増えていくことのできるものに対する想像力は、現代においてあまりにもひからびてしまっているのです。

気力や体力もそのひとつです。減っていく状態が目に見えるわけではないのに、使えばなくなる、消費してしまうと思い込《こ》まれています。

B、*ノルマを抱《かか》えた営業マンが一日中セールスで町中を歩きまわっているのと、気持ちの良い高原をハイキングをしているときとでは、代謝《たいしゃ》エネルギーが同じでもその体力や気力の使われ方には大きな差があります。

ハイキングなら、山道を延々と歩いて汗《あせ》をかき、もう足が前に進まないほどに体を②コク使したとしても、頂上からの景色を見渡《みわた》したときに別の神経系統が刺激《しげき》され、内側から感動が湧《わ》き起こって、疲《つか》れがすーっと消えるような体験をします。さんざん使って失ったと思われた

じて伝承され、貝食という食習慣が群れに定着したとき、幸島の群れは貝食文化を持ったといえるのである。

三〇年ばかり前に一頭の子ザルがソウ出した貝食は、今は幸島の群れの食習慣として定着している。群れは潮の満ち引きを知っていて、潮が引くと頃合《ころあ》いを見計らって、いっせいに山から下りて海岸へ行き、貝を漁《と》る。そのうち、*イイダコや釣《つ》り人が釣った魚を食べる者が現《あら》われた。③その食性はしだいに群れに拡《ひろ》がりかけている。④この状態が進行すれば、魚食文化がこの群れに定着するかもしれず、大変興味のあることだ。

幸島の群れを一躍《いちやく》世界的に有名にしたのは、イモ洗いやムギ洗いといった文化的行動である。一九五三年、イモという名の一・五歳《さい》の少女ザルが、砂浜《すなはま》に投げられたサツマイモを、山から流れてくる小流で洗って食べることを発明した。その行動がきょうだい、仲間、母親といった*伝播《でんぱ》経路をチャンネルにして、群れのメンバーに伝わり、子孫にも伝承されて、大方のサルがイモ洗いをするようになった。

（河合雅雄《かわいまさを》「若者が文化を創造する」『子どもと自然』〈岩波新書〉より）

*包括的＝大きくひとまとめにして扱《あつか》う様子。
*幸島＝宮崎県東部の日向灘《ひゅうがなだ》にある小島。
*ヨメガカサ＝カサガイの一種。巻貝。
*食性＝動物の食べる食物の種類や、捕食《ほしょく》方法などの習性。
*イイダコ＝小さいタコの一種。浅い海に生息する。
*伝播経路＝広まり伝わる道筋。

3 漢字

▼――線部①「ソウ出」の「ソウ」に当たる漢字を次から選び、記号で答えなさい。

ア 相　**イ** 操　**ウ** 創　**エ** 総

〔　　〕

4 指示内容

▼――線部②「それ」、③「その食性」について、指示内容を文章中の言葉を使って書きなさい。

②〔　　〕

③〔　　〕

5 内容把握《はあく》

▼――線部④「この状態が進行すれば」とありますが、「進行する」とは、ここではどうなっていくことですか。次の［　］に当てはまる言葉を、文章中から書き抜《ぬ》きなさい。

・世代を通じて［　　］されていくこと。

くわしく 段落の関係

段落相互《そうご》の関係には、大まかに次のようなものがある。

・**原因と結果**
（事実）―（事実）

・**例と説明**
（事実）―（考え）

・**並立・累加**
（事実）―（事実）
（考え）―（考え）

●指示語の指す内容

指示語は、原則として前の言葉や内容を指している。指示内容と思われる言葉や内容を指示語に当てはめて、意味が通るかを確かめる。

●キーワードに注意

繰《く》り返されている言葉、言い換《か》えられて出てくる同様の意味の言葉に注目する。この文章では、「文化」「ソウ出」「分有」「定着」「伝承」などが、文章の中で、重要な意味をもつ言葉だと推測できる。

基礎の確認

（解答▼別冊 p.29）

■次の文章を読んで、下の問いに答えなさい。

　文化という概念《がいねん》には、いろんな定義があるが、進化史の上ではつぎのように定義するといいだろう。進化史の上でというのは、動物からヒトまでを含《ふく》めた*包括《ほうかつ》的な文化の概念規定ということである。

「文化とは、ある社会の中で①ソウ出され、社会のメンバーに分有され、社会という媒体《ばいたい》を通じて伝承される生活様式である」という考え方である。*幸島《こうじま》のサルは、以前は貝を全く食べなかった。[　　]ある日、一頭の子ザルが海岸の岩にくっついている*ヨメガカサを食べはじめた。それは個体がソウ出した行動型だが、それだけで貝食い文化が始まったといってはいけない。②それはたんなる個体の行動にすぎない。そのうち他の者がそれを見て貝を食べるようになり、ついで群れのほとんどのサルが貝を食べるようになった。つまり、貝食という*食性を、群れのメンバーが分有することになった。しかし、といってこれで貝食い文化が始まったというのも早すぎる。そのうち、生まれてくる子どもが、母親が貝を食べるのを見て、みんな貝食を始める。こうして、貝食が世代を通

❶ 接続語

▼[　　]に当てはまる接続語を次から選び、記号で答えなさい。

ア　そして　　イ　なぜなら
ウ　つまり　　エ　ところが

〔　　〕

❷ 段落の関係

▼第二段落は、第一段落に対してどのような関係になっていますか。最も適切なものを次から選び、記号で答えなさい。

ア　第一段落で述べた、文化という概念のいろんな定義のうち、その代表的な定義を挙げている。
イ　第一段落で述べた、進化史の上での文化の概念について、その定義と具体例を挙げている。
ウ　第一段落で述べた、進化史の上での文化の概念とは異なるくくりでの文化の概念を挙げている。
エ　第一段落で述べた、動物からヒトまでの文化のうち、ヒトの文化について、具体例を挙げている。

〔　　〕

●**接続語の捉《とら》え方**
空欄《くうらん》に接続語を補充《ほじゅう》する問題では、空欄の前後の内容を押《お》さえ、前後がどんな関係にあるかをつかむ。

確認　接続語の種類
- **順接**……だから・そこで・したがって
- **逆接**……しかし・けれども・ところが
- **並立・累加《るいか》**……また・および・そのうえ
- **対比・選択《せんたく》**……または・あるいは・それとも
- **説明・補足**……つまり・なぜなら・ただし
- **転換《てんかん》**……さて・ところで・では

先生は優しい口調で言った。

僕たちは土のにおいのする雑巾を持って廊下に出た。すでに三時間目が始まっていたので、廊下には誰《だれ》もいなかった。

僕は、雑巾がけをしているあいだじゅう、この人はどうして僕をかばったのかと、ずっと考えていた。どう考えても僕が悪いのだ。面倒《めんどう》だから告げ口みたいなことをしなかっただけで、本当は怒《おこ》っているに違いない。

とにかく謝らなければいけないと思った。唾《つば》を飲みこんで、今度こそ声が出ますようにと祈《いの》った。でも、このときもうまく声が出せなかった。謝るという簡単なことが、どうして僕にはできないんだ。

［B］していると、僕より先にハセが口を開いた。

「いけね、怒られちゃったな。むりやりノート覗きこんでごめん。でもさっきの絵、おれにも描いてくれよ。ほんとはずっと前から描いてほしいと思ってたんだ。おれ、絵、へただからさ」

日焼けした顔が、無邪気に笑っていた。

その笑顔に、僕は、④またぼろぼろと涙をこぼしながら、首を縦に振《ふ》ることしかできなかった。

このときからずっと、いつだってハセは僕が*躊躇《ちゅうちょ》してできないことを簡単にこなして、僕の前を歩いていく。僕には、そんなハセの背中がたまにまぶしく見える。（小嶋陽太郎《こじまようたろう》『ぼくのとなりにきみ』〈ポプラ社〉より）

*吹聴＝言いふらすこと。　*躊躇＝あれこれ迷って決心がつかないこと。

(1) ――線部①「タイセイ」に当てはまる漢字を次から選び、記号で答えなさい。〈6点〉

ア 体勢　**イ** 体制　**ウ** 態勢　**エ** 大勢　〔　　〕

(2) ――線部②「いまでもスローモーションで思い出すことができる」という表現から、どんなことがわかりますか。最も適切なものを次から選び、記号で答えなさい。〈8点〉

ア その出来事が「僕」に非常に強い印象を与《あた》えたこと。

イ 「僕」の観察力が小さい頃《ころ》から優れていたこと。

ウ このとき、周囲の音が「僕」の耳から消えていたこと。

エ 休み時間に「僕」が一人で本当に寂《さび》しかったこと。　〔　　〕

(3) ［A］に当てはまる言葉を次から選び、記号で答えなさい。〈6点〉

ア 言い訳する　**イ** さえぎる

ウ とまどう　**エ** よくわかる　〔　　〕

(4) ――線部③「ぼろぼろと涙がこぼれて」とありますが、このときの「僕」の心情として当てはまらないものを次から一つ選び、記号で答えなさい。〈8点〉

ア 思っていることを口にできない自分の性格への情けなさ。

イ 教室の植木鉢を割ってしまったという衝撃《しょうげき》。

ウ 「僕」はイヤなやつだと言いふらされることへの恐《おそ》れ。

エ ハセに悪いことをしてしまったという後悔《こうかい》。　〔　　〕

(5) ［B］に当てはまる言葉を次から選び、記号で答えなさい。〈6点〉

ア はらはら　**イ** うろうろ

ウ もじもじ　**エ** こそこそ　〔　　〕

(6) ――線部④「ぼろぼろと涙をこぼしながら」とありますが、このときの「僕」の心情を、「ハセ」という言葉を使って、二十字前後で説明しなさい。〈16点〉

実力完成テスト

*解答と解説…別冊p.29
*時　間……20分

得点　点／50点

1 次の文章を読んで、あとの問いに答えなさい。

小学校三年生の「僕《ぼく》」は、消極的で臆病《おくびょう》な性格から友達ができず、休み時間はいつも一人で、自分の席でアニメのキャラクターの絵を描《か》いて気を紛《まぎ》らしていた。ある日、同じクラスのハセ（長谷川《はせがわ》君）が「僕」に突然《とつぜん》声をかけてきた。

「なあ、ほかのも見せてくれよ」

ハセは持ち前の無邪気《むじゃき》さで、僕のノートをぐっと覗《のぞ》きこんできた。

僕は急に話しかけられた驚《おどろ》きと、ひっそりと描いていた絵を見られた恥《は》ずかしさで動転し、その瞬間《しゅんかん》に、なぜかハセを左手で強く払《はら》いのけてしまった。

ハセは「うおっ」と言ってよろめいた。①タイセイをくずした拍子《ひょうし》に、窓際《まどぎわ》に飾《かざ》られていた植木鉢《ばち》に肘《ひじ》をぶつけた。

僕はその瞬間を、②いまでもスローモーションで思い出すことができる。

植木鉢が落ちて床《ゆか》にぶつかり、割れた。落下はおそらく一秒にも満たないくらいの時間だったが、僕には永遠にも感じられた。

でも永遠なわけはなく、ちゃんと床にぶつかって割れた。

すごく、大きな音がした。肥料の混ざった茶色い土が床に散らばり、むっとしたにおいが鼻をついた。

終わった。瞬間的に、僕はそう思った。大げさではなく、当時八歳《さい》だった僕は、本当にそう思ったのだ。教室で植木鉢を割るなんて、人生が終わるくらいの最悪な出来事だった。

そして何よりもこたえたのが、これで間違《まちが》いなく長谷川君には嫌《きら》われただろうし、彼《かれ》は僕を、根暗《ねくら》のうえに話しかけただけで突《つ》き飛ばしてきたイヤなやつとして、クラス中に*吹聴《ふいちょう》して回るだろう、ということだった。

いまこの瞬間に、消えてなくなりたいと思った。でも、僕は一歩も動くことができなかった。せめて謝らなければ、と思ったが、喉《のど》がカラカラに渇《かわ》いて、まともに声が出なかった。

すぐに先生が駆《か》けつけてきた。

「どうしたの！」

近くで見ていた女子が、佐久田《さくた》君が長谷川君を、と言いかけた瞬間、

「佐久田君と遊んでたら植木鉢にぶつかって割ってしまいました」

[A]ようにハセは言った。

先生は僕たちを廊下《ろうか》に連れていって短く説教し、それから一緒《いっしょ》に、割れた植木鉢と散らばった土を片づけ、汚《よご》れた床をきれいに雑巾《ぞうきん》で拭《ふ》いた。

雑巾がけをする最中、③ぽろぽろと涙《なみだ》がこぼれて床に落ちるたび、それを気づかれないように素早く拭き取るのに、僕はいそがしかった。

「植木鉢は先生が片づけておくから、二人とも、雑巾、水道で洗ってちゃんと干しておきなさい」

　良平は③一瞬間《いっしゅんかん》あっけにとられた。もうかれこれ暗くなること、去年の暮れ母と岩村《いわむら》まで来たが、今日の道はその三、四倍あること、それを今からたった一人、歩いて帰らなければならないこと、――そういうことが一時にわかったのである。良平はほとんど泣きそうになった。が、泣いてもしかたがないと思った。泣いている場合ではないとも思った。彼は若い二人の土工に、④取って付けたようなお辞儀《じぎ》をすると、どんどん線路伝いに走りだした。

　良平はしばらく A に線路のそばを走り続けた。そのうちに懐《ふところ》の菓子《かし》包みが、邪魔《じゃま》になることに気がついたから、それを道端《みちばた》へ放り出すついでに、*板草履《いたぞうり》もそこへ脱《ぬ》ぎ捨ててしまった。すると薄《うす》い足袋《たび》の裏へじかに小石が食い込《こ》んだが、足だけははるかに軽くなった。彼は左に海を感じながら、急な坂道を駆《か》け登った。ときどき涙《なみだ》が込み上げてくると、自然に顔がゆがんでくる。――それは無理に我慢《がまん》しても、鼻だけは絶えずくうくう鳴った。

　竹やぶのそばを駆け抜《ぬ》けると、夕焼けのした日金山《ひがねやま》の空も、もうほてりが消えかかっていた。良平は B 気が気でなかった。

（芥川《あくたがわ》龍《りゅう》之介《のすけ》「トロッコ」『いまこそ読みたい　教科書の泣ける名作』〈Gakken〉より）

*われ＝お前。　*〜ずら＝静岡方言で「〜だろう」。
*板草履＝細い板を裏に貼《は》った草履。

〔　　　　〕

4 表現と心情

▼――線部④「取って付けたような」とありますが、この様子に表れている良平の心情を次から選び、記号で答えなさい。

ア　急にもう帰れと言い出した土工たちへの怒《いか》り。
イ　し慣れないお辞儀をすることへの戸惑《とまど》い。
ウ　ここまで連れてきてくれた土工たちへの感謝。
エ　他のことは上《うわ》の空になるほどの帰り道への不安。

〔　　〕

5 適語補充《ほじゅう》

▼ □A・Bに当てはまる言葉をそれぞれ選び、記号で答えなさい。

A｛**ア**　自暴自棄《じき》　**イ**　無我夢中　**ウ**　暗中模索《もさく》　**エ**　一本調子｝〔　　〕

B｛**ア**　いよいよ　**イ**　ときどき　**ウ**　そろそろ　**エ**　とうとう｝〔　　〕

くわしく　暗示表現

　例えば上の文章の「空も、もうほてりが消えかかっていた」という情景描写には、村（家）に帰り着けるのだろうかという良平の不安な気持ちが、高まっていく様子が暗示されている。

●心情・状況を表す言葉

　人物の心情・状況を、簡潔に表す言葉がある。適語補充《ほじゅう》問題では、文脈から心情・状況をつかみ、適切なものを選ぶ。

ミス注意

　適語補充の問題では、文章を丁寧《ていねい》に追い、文脈に沿った最適な言葉を選ぶ。例えば B には、この文が、走り続ける良平がほてりの消えかかる空を見てますます不安になった、という意味になる言葉が入る。

基礎の確認

（解答▼別冊 p.29）

■ 次の文章を読んで、下の問いに答えなさい。

〔八歳《さい》の良平《りょうへい》は、ある日、村外れの工事現場から、以前から乗りたいと思っていたトロッコで土工《どこう》たちといっしょに山道を行くことになった。はじめは喜んでいた良平だが、次第に、遠く来すぎたことに気づいていく。〕

その坂を向こうへ下りきると、また同じような茶店があった。土工たちがその中へ入った後、良平はトロッコに腰《こし》をかけながら、帰ることばかり気にしていた。茶店の前には①花の咲《さ》いた梅に、西日の光が消えかかっている。「もう日が暮れる。」――彼《かれ》はそう考えると、ぼんやり腰かけてもいられなかった。トロッコの車輪を蹴《け》ってみたり、一人では動かないのを承知しながらうんうんそれを押《お》してみたり、――そんなことに②気持ちを紛《まぎ》らせていた。

ところが土工たちは出てくると、車の上の枕木《まくらぎ》に手を掛《か》けながら、無造作に彼にこう言った。

「＊われはもう帰んな。俺《おれ》たちは今日は向こう泊《ど》まりだから。」

「あんまり帰りが遅《おそ》くなるとわれのうちでも心配する＊ずら。」

1 状況《じょうきょう》

▼――線部①「花の咲いた……消えかかっている」とありますが、これと同様に、情景の描写《びょうしゃ》によって時間の経過を表している部分を三十字以内で探し、初めと終わりの四字を書き抜《ぬ》きなさい。（句点（。）は字数に含《ふく》めない。）

□□□□～□□□□

2 心情

▼――線部②「気持ちを紛らせていた」とありますが、どんな気持ちを紛らせていたのですか。次の〔　〕に合うように、簡潔に書きなさい。

〔　　　　　　〕という気持ち。

3 心情の変化

▼――線部③「一瞬間あっけにとられた」のはなぜですか。その理由を書きなさい。

●**状況《じょうきょう》を捉《とら》える**

「いつ・どこで・誰《だれ》が・何を」しているのかという場面の状況を、正しくつかみながら読み進む。

ここでは、良平《りょうへい》が村から遠く離《はな》れた場所に来てしまい、どんどん不安になってきていることに注目。

●**心情の捉え方**

①**直接的な表現をつかむ**

「うれしい・悲しい」などの気持ちを表した言葉に注目する。

②**態度（様子）・言動を表す表現を押《お》さえる**

「肩《かた》を落とす」などは、がっかりする様子を表す。

③**会話に注意する**

会話中の言葉は、心情を捉える手がかりとなる。

④**情景描写《びょうしゃ》に注目する**

情景描写には、心情が暗示されていることが多い。

実力完成テスト

＊解答と解説…別冊p.30
＊時間……15分

得点　　点／50点

1 次の――線部の助詞と意味・用法が同じものを、それぞれあとから選び、記号で答えなさい。〈4点×2〉

(1) 急いで待ち合わせの場所に行く。
ア そのレストランは九時で閉まる。
イ 温かいミルクを飲んで寝《ね》る。
ウ 強風でフェリーが欠航する。

(2) 早起きするのは苦手です。
ア 私の横に妹が座った。
イ 私は、話すのが得意ではない。
ウ 犬の鳴く声で目が覚めた。

2 次の各組の――線部のうち、他の三つと意味・用法の異なるものを選び、記号で答えなさい。〈4点×2〉

(1)
ア 今飛んでいったのは、つばめらしい。
イ どうやら、桜の開花が早まるらしい。
ウ パソコンが壊《こわ》れたらしい。困ったよ。
エ 子どもらしい発言がほほえましい。

(2)
ア 何度失敗しても、私は諦《あきら》めない。
イ 急がないと、約束の時間に遅《おく》れる。
ウ 欲しいものがないので、すぐ帰った。
エ 会場はたいへんな人出で、前に進めない。

3 次の各組の――線部の助動詞は、それぞれどのような意味をもちますか。あとから選び、記号で答えなさい。〈3点×8〉

(1)
① 先生はどの席に座られるのですか。
② 昔の繁栄《はんえい》が感じられる街並みを歩く。
③ 君の来られる日を知らせてよ。
④ 弟に大事なことを教えられる。

ア 受け身　**イ** 可能　**ウ** 尊敬　**エ** 自発

(2)
① 父はさっき帰宅したばかりです。
② 彼女《かのじょ》は去年の大会で優勝した。
③ 君は、僕《ぼく》より一学年下だったね。
④ いちごがのったケーキを食べる。

ア 過去　**イ** 完了《かんりょう》　**ウ** 存続　**エ** 想起（確認）

4 次の――線部の助動詞の意味をあとから選び、記号で答えなさい。〈2点×5〉

(1) 妹はお菓子《かし》ばかり食べたがる。
(2) 答えはそう簡単にはわかるまい。
(3) お盆《ぼん》のような満月が空にのぼる。
(4) 今日が展覧会の初日です。
(5) 生徒に将来の夢を書かせる。

ア 丁寧《ていねい》な断定　**イ** 使役　**ウ** 比喩《ひゆ》
エ 意志　**オ** 否定の推量　**カ** 希望

基礎の確認

（解答▼別冊 p.30）

❶ 付属語

付属語は、主に**自立語のあと**に付いて文節を作る単語。品詞のうち付属語は**助詞**と**助動詞**の二種類。

❷ 助詞 …活用しない

助詞は、文節と文節の関係を示したり、さまざまな意味を添《そ》えたりする。

▼次の各文から、助詞を順に三つずつ書き抜《ぬ》きなさい。

(1) 電車が五分遅《おく》れて駅に着く。　（　　）・（　　）・（　　）

(2) あなたの傘《かさ》はどれですか。　（　　）・（　　）・（　　）

❸ 助詞の種類

▼助詞は、（　　）**助詞・接続助詞・副助詞・終助詞**の四種類。

▼次の――線部の助詞の種類を（　）に書きなさい。

(1) いいとも、一緒《いっしょ》に行こう。　（　　）助詞

(2) 残りはあと一つしかない。　（　　）助詞

(3) 卵と牛乳を混ぜる。　（　　）助詞

(4) これは値段が高いので買わない。　（　　）助詞

❹ 助動詞 …活用する

助動詞は、意味を添えたり、話し手・書き手の判断を表したりする。

▼次の各文から、助動詞を順に二つずつ書き抜きなさい。

(1) 知らない人に話しかけられる。　（　　）・（　　）

(2) そこには姉も行ったことがあるそうだ。　（　　）・（　　）

(3) 君の都合がつくようならば、私も行きたい。　（　　）・（　　）

❺ 助動詞の意味

▼次の――線部の助動詞は、どんな意味で使われていますか。あとから選び、記号で答えなさい。

(1) 母が弟をお使いに行かせる。　（　　）

(2) 私はこの四月から中学生だ。　（　　）

(3) 夏休みの宿題は、昨日提出した。　（　　）

(4) 今度こそ最後までやり遂《と》げよう。　（　　）

ア 過去　**イ** 断定　**ウ** 使役

エ 伝聞　**オ** 意志

●助詞の見つけ方

① 文節から自立語を除く。

② 残った付属語から、活用しないものを選ぶ。

例 私は／昨日／公園で／遊んだ。

――自立語
〰〰助動詞
＝＝助詞

確認 「れる・られる」の意味の識別

・「(〜に) 〜される」と言い換《か》えられる→**受け身**

・「〜できる」と言い換えられる→**可能**

・「お(ご)〜になる」と言い換えられる→**尊敬**

・「自然に〜する」と言い換えられる→**自発**

実力完成テスト

＊解答と解説…別冊p.30
＊時　間……15分

得点　　点／50点

1

次の――線部の品詞名を漢字で書きなさい。〈2点×8〉

(1) 遠くに緑の山々がくっきり見える。〔　　〕
(2) ところが、実験は成功しなかった。〔　　〕
(3) 大きくて重い荷物を運ぶのは大変だ。〔　　〕
(4) あそこにいるのは誰《だれ》ですか。〔　　〕
(5) とてもおかしな話を聞いた。〔　　〕
(6) 兄は朝からずっと家にいる。〔　　〕
(7) いいえ、私は反対です。〔　　〕
(8) もっと健康的な生活をするべきだ。〔　　〕

2

次の――線部の動詞の、活用の種類と活用形を書きなさい。〈1点×10〉

(1) 雨が降れば、催《もよお》しは中止です。
活用の種類〔　　活用〕　活用形〔　　形〕
(2) 彼女《かのじょ》は、今回は参加しないようだ。
活用の種類〔　　活用〕　活用形〔　　形〕
(3) 休日は、起きる時間がいろいろだ。
活用の種類〔　　活用〕　活用形〔　　形〕
(4) 私に計画を教えてほしい。
活用の種類〔　　活用〕　活用形〔　　形〕
(5) 今度はもっと早く来よう。
活用の種類〔　　活用〕　活用形〔　　形〕

3

次の――線部の形容詞、形容動詞の活用形をあとから選び、記号で答えなさい。〈2点×6〉

(1) もっと安ければ、その絵を買うだろう。〔　　〕
(2) 元気でお過ごしください。〔　　〕
(3) このスニーカーがずっと欲しかった。〔　　〕
(4) 試験に合格して、彼女はさぞうれしかろう。〔　　〕
(5) 彼《かれ》はいつも冷静です。〔　　〕
(6) この問題は簡単なので、すぐ解けるよ。〔　　〕

ア 未然形　**イ** 連用形　**ウ** 終止形
エ 連体形　**オ** 仮定形

4

次の各文から用言を一つ、そのままの形で書き抜《ぬ》き、その活用形を書きなさい。〈完答3点×4〉

(1) 今年の夏、初めて朝顔が咲《さ》いた。
用言〔　　〕　活用形〔　　形〕
(2) はい、そのとおりにします。
用言〔　　〕　活用形〔　　形〕
(3) おはよう、今日はよい天気だね。
用言〔　　〕　活用形〔　　形〕
(4) その点が最も重要です。
用言〔　　〕　活用形〔　　形〕

基礎の確認

（解答▼別冊p.30）

❶ 自立語

言葉の最も小さい単位である単語は、大きく、**自立語**と**付属語**に分けられる。自立語は、その語だけで意味がわかる語。

▼「りんごを二個買う。」という文での自立語は、〔　　〕・〔　　〕・〔　　〕の三つ。

❷ 品詞

▼単語は、自立語か付属語か、活用するかしないか、どんな文の成分になるかなどで、〔　　〕種の**品詞**に分けられる。そのうち、自立語の品詞は、次の八種類。

活用して、

◎述語になるのは、**動詞**と**形容詞**と〔　　〕の三つで、これらを〔　　〕言《げん》という。

活用しないで、

◎主語になるのは、**名詞**。〔　　〕言《げん》ともいう。

◎修飾語《しゅうしょく》として、主に用言を修飾するのは、〔　　〕。

◎修飾語として、体言だけを修飾するのは、**連体詞**。

◎接続語として、文と文などをつなぐのは、**接続詞**。

◎独立語として、感動や応答などを表すのは、**感動詞**。

❸ 活用形

▼**活用形**は、活用表の上から順に、〔　　〕形・〔　　〕形・**終止形**・〔　　〕形・**仮定形**・**命令形**の六つ。

▼次の——線部の用言の活用形を書きなさい。

(1) うまく歌えない。〔　　〕形

(2) できる人はいますか。〔　　〕形

(3) 早く行けばよかった。〔　　〕形

(4) それは私が持ちます。〔　　〕形

❹ 活用の種類

▼動詞の**活用の種類**は、五つ。「～ナイ」に続けて、直前がア段の音になれば〔　　〕**段活用**、イ段の音になれば〔　　〕**段活用**、エ段の音になれば〔　　〕**段活用**。「来る」は**カ行変格活用**。「する」と「～する」は**サ行変格活用**。

▼次の動詞のうち、活用の種類が他と異なるものを一つ選び、記号で答えなさい。

ア 集まる　**イ** 数える　**ウ** 溶《と》ける

エ 食べる　**オ** 消える　**カ** 負ける

〔　　〕

確認 **自立語とは**

① 一文節に一つ、必ずある。

② 文節の最初にある。

③ 単独でも意味がわかる。

くわしく **名詞の種類**

固有名詞……例 日本・パリ

普通《ふつう》名詞……例 本・海・手

形式名詞……例 ―こと　―もの

代名詞……例 私・そこ

数詞……例 一着・二個

●三つの用言の見分け方

※言い切りのときの語尾《ごび》に注目

・**動詞**（動作などを表す）

書く・読む → ウ段で終わる。

・**形容詞**（性質・状態を表す）

美しい・眠《ねむ》い → 「い」で終わる。

・**形容動詞**（性質・状態を表す）

豊かだ(です)・普通だ(です) → 「だ・です」で終わる。

実力完成テスト

＊解答と解説…別冊p.31
＊時　間……15分

得点　点／50点

1

次の各文の主語と述語を、それぞれ一文節で書き抜《ぬ》きなさい。主語が省略されている場合は、「なし」と書きなさい。〈完答3点×4〉

(1) 机の上に本が三冊ある。　主語〔　　〕　述語〔　　〕

(2) あまりの暑さに犬までばてる。　主語〔　　〕　述語〔　　〕

(3) あなたの言うことを信じよう。　主語〔　　〕　述語〔　　〕

(4) 行きます、私も後からすぐに。　主語〔　　〕　述語〔　　〕

2

次の各組の――線部の文の成分をあとから選び、記号で答えなさい。〈2点×10〉

(1) ① 君こそ適任だ。〔　　〕
② 今日の当番は君だ。〔　　〕

(2) ① 私たちはここで待とう。〔　　〕
② ここは思い出の場所だ。〔　　〕

(3) ① バラは美しい。〔　　〕
② バラにはとげがある。〔　　〕

(4) ① 風が吹《ふ》き、さらに、雪が降ってきた。〔　　〕
② 風と雪が、さらに強まってきた。〔　　〕

(5) ① 平和、それは世界の人々の願いだ。〔　　〕
② 平和は世界の人々の願いだ。〔　　〕

ア 主語　イ 述語　ウ 修飾《しゅうしょく》語
エ 接続語　オ 独立語

3

次の各組の――線部のうち、文の成分が他と一つだけ異なるものを選び、記号で答えなさい。〈6点×3〉

(1)
ア 我が校がいちばんの優勝候補だ。
イ 明日は彼《かれ》も行くらしい。
ウ 僕《ぼく》が持つよ、その荷物を。
エ 空には雲がほとんどない。
〔　　〕

(2)
ア 私は目的地に車で行った。
イ コンサートは七時から始まります。
ウ 大きな声で歌を歌う。
エ たぶん弟にもできるだろう。
〔　　〕

(3)
ア ひばりかな、今鳴いたのは。
イ おや、何か聞こえたね。
ウ こんにちは、今日は良い天気ですね。
エ ああ、なんて心地《ここち》よい風だろう。
〔　　〕

4日目 文節・文の成分

基礎の確認

（解答▼別冊 p.31）

❶ 文節

▼**文節**は、文を、意味を壊《こわ》さない程度に短く区切った、文中のひと区切りである。次の各文を文節ごとに—で区切りなさい。

(1) 熱い紅茶を飲む。

(2) 朝から強い風がごうごうと吹《ふ》く。

(3) 駅まではゆっくり歩いて十五分かかる。

(4) 今後どんなことが起きるかわからない。

❷ 文の成分

【主語・述語】

▼**文の成分**（＝文を組み立てる部分となる文節）について説明した次の各文の〔　〕に、当てはまる言葉を書きなさい。

(1) 文の中で、「何が・〔　　〕が」に当たる文の成分は、**主語**である。

(2) 文の中で、「どうする・〔　　〕・何だ・ある・いる・ない」に当たる文の成分は、**述語**である。

【修飾《しゅうしょく》語・接続語・独立語】

▼次の各文の〔　〕に当てはまる言葉をあとから選び、記号で答えなさい。

(1) 文の中で、「いつ」「何を」「どこで」「どのように」など他の文節を詳《くわ》しく説明する文の成分は、〔　　〕である。

(2) 文の中で、文と文、文節と文節をつないで、前後の関係を示す文の成分は、〔　　〕である。

(3) 文の中で、他の文節と係り受けの関係をもたずに独立している文の成分は、〔　　〕である。

ア 独立語　**イ** 修飾語　**ウ** 接続語

▼次の文から、修飾語・接続語、独立語を全て書き抜《ぬ》きなさい。

◎はい、寒いので、僕《ぼく》は今日、ずっと家にいました。

修飾語〔　　〕

接続語〔　　〕

独立語〔　　〕

●文節の区切り方

話し口調で「ネ・サ・ヨ」が入るところが、文節の切れ目。

例 友達から〈ネ〉本を〈サ〉借りる。〈ヨ〉

確認 主語の形

主語は、いつも「〜が」の形をとるとは限らない。

例 犬はとてもかわいい。
妹だけ先に帰った。
母までねぼうした。
雨も降ってきた。
あなたこそ適任だ。

確認 文節どうしの関係

・主語・述語の関係
・修飾《しゅうしょく》・被《ひ》修飾の関係
・接続の関係
・独立の関係
・並立の関係
・補助の関係」必ず連文節を作る。

実力完成テスト

＊解答と解説…別冊p.31
＊時　間……15分

得点　　点／50点

1 次の二字熟語と同じ構成のものをそれぞれあとから選び、記号で答えなさい。〈2点×5〉

(1) 活躍《かつやく》
ア 本棚《ほんだな》　**イ** 早退　**ウ** 降下　**エ** 流氷　〔　　〕

(2) 濃淡《のうたん》
ア 道路　**イ** 強弱　**ウ** 森林　**エ** 毎回　〔　　〕

(3) 着目
ア 自治　**イ** 明白　**ウ** 警報　**エ** 検温　〔　　〕

(4) 偉人《いじん》
ア 独唱　**イ** 育成　**ウ** 睡眠《すいみん》　**エ** 子孫　〔　　〕

(5) 雷鳴《らいめい》
ア 日没《にちぼつ》　**イ** 入学　**ウ** 送電　**エ** 支店　〔　　〕

2 次の〔　〕の(1)～(5)には接頭語「不・無・非・未」のどれかを、(6)～(10)には接尾語《せつび》「性・化・的」のどれかを入れて、適切な三字熟語を作りなさい。〈2点×10〉

(1) 〔　　〕意識　　(2) 〔　　〕満足
(3) 〔　　〕公式　　(4) 〔　　〕成年
(5) 〔　　〕秩序《ちつじょ》　　(6) 老朽《ろうきゅう》〔　　〕
(7) 運命〔　　〕　　(8) 驚異《きょうい》〔　　〕
(9) 少子〔　　〕　　(10) 感受〔　　〕

3 次の四字熟語と同じ構成のものをそれぞれあとから選び、記号で答えなさい。〈2点×4〉

(1) 油断大敵
ア 外交辞令　**イ** 感慨《かんがい》無量　**ウ** 無色透明《とうめい》　**エ** 連鎖《れんさ》反応　〔　　〕

(2) 全力投球
ア 厚顔《こうがん》無恥《むち》　**イ** 理路整然　**ウ** 言行一致《いっち》　**エ** 応急措置《そち》　〔　　〕

(3) 雲散霧《む》消《しょう》
ア 行儀《ぎょうぎ》作法　**イ** 意気消沈《しょうちん》　**ウ** 不言実行　**エ** 問答無用　〔　　〕

(4) 有名無実
ア 冷静沈着《ちんちゃく》　**イ** 過小評価　**ウ** 外柔内剛《がいじゅうないごう》　**エ** 喜怒哀楽《きどあいらく》　〔　　〕

4 次の各組の四字熟語の□に共通して入る漢字一字を、それぞれ〔　〕に書きなさい。〈3点×4〉

(1) □眠□休・□老□死　〔　　〕
(2) □由□在・□給□足　〔　　〕
(3) □進□退・□朝□夕　〔　　〕
(4) □戦□勝・□日□夜　〔　　〕

熟語の構成

基礎の確認

（解答▼別冊 p.31）

❶ 二字熟語の構成

▼次の二字熟語の構成の説明として適切なものをあとから選び、記号で答えなさい。

(1) 決心〔　　〕　(2) 不和〔　　〕
(3) 真偽《しんぎ》〔　　〕　(4) 幸運〔　　〕
(5) 簡単〔　　〕　(6) 人造〔　　〕

ア 上が下を修飾《しゅうしょく》
イ 上下が主語・述語
ウ 下が上の目的・対象
エ 意味の似た字の重なり
オ 上が下を否定
カ 対《つい》になる字の重なり

❷ 三字熟語の構成

▼次の三字熟語と同じ構成のものをあとから選び、記号で答えなさい。

(1) 通信網《もう》〔　　〕　(2) 総面積〔　　〕
(3) 雪月花〔　　〕　(4) 未完成〔　　〕
(5) 温暖化〔　　〕

ア 天地人　**イ** 初対面　**ウ** 一般《いっぱん》的
エ 無責任　**オ** 中立国

❸ 四字熟語の構成

▼次の四字熟語の構成の説明として適切なものをあとから選び、記号で答えなさい。

(1) 完全無欠〔　　〕
(2) 花鳥風月〔　　〕
(3) 主客転倒《てんとう》〔　　〕
(4) 半信半疑〔　　〕
(5) 長寿《ちょうじゅ》番組〔　　〕

ア 上二字と下二字が主語・述語の関係
イ 上二字が下二字を修飾する関係
ウ 上二字と下二字が似た意味の関係
エ 上二字と下二字が反対の意味の関係
オ 四字それぞれが対等の関係

▼次の〔　〕に漢数字を入れて、四字熟語を完成させなさい。

(1) 〔　〕方〔　〕方　(2) 〔　〕長〔　〕短
(3) 〔　〕刻〔　〕金　(4) 〔　〕差〔　〕別

●**熟語の構成の区別**

熟語の構成は、文の形にして確かめる。

例 市営 ＝ 市が営む。（主語・述語）
　 再会 ＝ 再び会う。（上が下を修飾《しゅうしょく》）

確認 四字熟語の構成

二字＋二字の構成が多い。

例 用意周到《よういしゅうとう》
＝用意が周到（行き届いていること）だ。（主語・述語）

質疑応答《しつぎおうとう》
＝質疑（質問すること）と応答（答えること）。（反対の意味）

※一字＋三字、三字＋一字、四字が対等の構成もある。

くわしく 数字を含《ふく》む四字熟語

例 七転八倒《しちてんばっとう》　唯一無二《ゆいいつむに》
一石二鳥《いっせきにちょう》　三位一体《さんみいったい》
三寒四温《さんかんしおん》　千載一遇《せんざいいちぐう》

実力完成テスト

＊解答と解説…別冊 p.32
＊時間……15分
得点　　点／50点

1

次の漢字を楷書《かいしょ》で書く場合の総画数と、矢印で示した画を何画目に書くかを、それぞれ算用数字で答えなさい。〈1点×6〉

(1) 組　総画数〔　　〕　筆順〔　　〕画目

(2) 車　総画数〔　　〕　筆順〔　　〕画目

(3) 間　総画数〔　　〕　筆順〔　　〕画目

2

次の漢字の部首名を平仮名《ひらがな》で書き、その部首の表す意味をあとから選び、記号で答えなさい。〈1点×6〉

(1) 宿　部首名〔　　〕　意味〔　　〕

(2) 痛　部首名〔　　〕　意味〔　　〕

(3) 都　部首名〔　　〕　意味〔　　〕

ア　体の名称《めいしょう》などに関係する意味を表す。
イ　行くことなどに関係する意味を表す。
ウ　人の住む地域などに関係する意味を表す。
エ　屋根・家などに関係する意味を表す。
オ　病気などに関係する意味を表す。

3

次の語が類義語どうしになるように、〔　〕に当てはまる漢字を書きなさい。〈2点×6〉

(1) 我慢《がまん》―忍《にん》〔　　〕　(2) 専心―没《ぼっ》〔　　〕

(3) 寄与《きよ》―貢《こう》〔　　〕　(4) 落胆《らくたん》―〔　　〕望

(5) 対照―比〔　　〕　(6) 留守―〔　　〕在

4

次の語が対義語どうしになるように、〔　〕に当てはまる漢字を書きなさい。〈2点×6〉

(1) 困難↔容〔　　〕　(2) 総合↔分〔　　〕

(3) 勤勉↔〔　　〕惰《だ》　(4) 記憶《きおく》↔忘〔　　〕

(5) 虚偽《きょぎ》↔〔　　〕実　(6) 正常↔〔　　〕常

5

次の(1)～(3)は類義語に当たる語を、(4)～(6)は対義語に当たる語をあとから選び、記号で答えなさい。〈1点×6〉

(1) 体系―〔　　〕　(2) 旅立ち―〔　　〕

(3) 契機《けいき》―〔　　〕　(4) 日帰り↔〔　　〕

(5) まずい↔〔　　〕　(6) 本音《ほんね》↔〔　　〕

ア　泊《と》まりがけ　**イ**　システム　**ウ**　建て前
エ　うまい　**オ**　門出　**カ**　きっかけ

6

次の――線部の語の意味をあとから選び、記号で答えなさい。〈2点×4〉

(1) 歴史的価値が高い。〔　　〕

(2) しーっ！　声が高いよ。〔　　〕

(3) ロンドンは東京より緯度《いど》が高い。〔　　〕

(4) 彼女《かのじょ》は理想が高い。〔　　〕

ア　値打ちがある。　**イ**　目盛りなどの数字が大きい。
ウ　音量が大きい。　**エ**　程度が甚《はなは》だしい。

漢字・語句の知識

基礎の確認

（解答▼別冊 p.32）

1 筆順

▼漢字の**筆順の原則**について、次の〔 〕のうち当てはまるほうの言葉を丸で囲みなさい。

・上から下に書く。また、〔 左 右 〕から書く。

・横画と縦画が交差する場合は〔 横画 縦画 〕を先に書く。

・字全体を貫《つらぬ》く縦画や横画は、〔 最初 最後 〕に書く。

2 部首

▼次の**部首名**をあとから選び、記号で答えなさい。

(1) 禾〔 〕 (2) ⺮〔 〕

(3) 囗〔 〕 (4) 攵〔 〕

ア くにがまえ **イ** のぶん **ウ** のぎへん **エ** たけかんむり

▼次の漢字の**部首**を書き抜《ぬ》き、その部首の表す**意味**をあとから選び、記号で答えなさい。

煮 部首〔 〕 意味〔 〕

ア 水に関係する意味。 **イ** 火に関係する意味。

ウ 人に関係する意味。 **エ** 土に関係する意味。

3 類義語

▼次の語の**類義語**に当たる語をあとから選び、記号で答えなさい。

(1) 疑問―〔 〕 (2) 周到《しゅうとう》―〔 〕

(3) 熱戦―〔 〕 (4) 同志―〔 〕

ア 激闘《げきとう》 **イ** 不審《ふしん》 **ウ** 仲間 **エ** 綿密

4 対義語

▼次の語の**対義語**に当たる語をあとから選び、記号で答えなさい。

(1) 内容↔〔 〕 (2) 理性↔〔 〕

(3) 一般《いっぱん》↔〔 〕 (4) 支出↔〔 〕

ア 収入 **イ** 特殊《とくしゅ》 **ウ** 形式 **エ** 感情

5 多義語

▼次の各文の□に共通して当てはまる語を平仮名《ひらがな》で書きなさい。

・その言葉が心を□。 ・字の横に点を□。

・脈が大きく□。 ・シュートを□。

〔 〕

くわしく 類義語と対義語

類義語は、意味が似ていても、文中で置き換《か》えることができる場合と、語感の違《ちが》いから文脈によっては置き換えられない場合とがある。

対義語は文脈によって、対《つい》になる語が変わる場合がある。

例 薄《うす》い色↔濃《こ》い色

薄い本↔厚い本

●対義語の見つけ方

対義語には、一字が対立するものも多い。

例 勝利↔敗北

「勝」↔「敗」の関係をつかむ。

楽観↔悲観

「楽」↔「悲」の関係をつかむ。

実力完成テスト

＊解答と解説…別冊 p.32
＊時　間……15分

得点　　点／50点

1

次の――線部の漢字の読み方を書きなさい。〈1点×20〉

(1)
① 厳しい寒さが続く。
② 式典が厳かに始まる。

(2)
① 服が泥《どろ》で汚れる。
② 物があふれて部屋が汚い。

(3)
① 紅葉が夕日に映える。
② 赤色が彼女《かのじょ》の顔によく映る。

(4)
① 水中に深く潜る。
② 物陰《ものかげ》に潜んで待ち伏《ぶ》せする。

(5)
① バイオリンを弾く。
② ボールが大きく弾む。

(6)
① 二人の相性を占《うらな》う。
② 天性の才能がある。

(7)
① 母親が赤ん坊《ぼう》を抱く。
② 多くの課題を抱える。

(8)
① 相手の立場を尊重する。
② 過重な労働を防ぐ。

(9)
① 極端な例を挙げる。
② 極上の料理でもてなす。

(10)
① 気持ちを率直に話す。
② 確率を計算する。

2

次の――線部の片仮名《かたかな》を漢字に直しなさい。〈1点×8〉

(1)
① いよいよ本番にノゾむ。
② 理系への進学をノゾむ。

(2)
① 目的地にツく。
② 憧《あこが》れの職業にツく。

(3)
① 身長がノびる。
② 日程が一日ノびる。

(4)
① 税金をオサめる。
② 最終的に成功をオサめる。

3

次の――線部の片仮名を漢字に直しなさい。〈2点×11〉

(1)
① コウカな品で、とても買えない。
② 新薬がすばらしいコウカをあげる。

(2)
① 早寝《はやね》早起きのシュウカン。
② シュウカン誌が棚《たな》に並ぶ。

(3)
① 二人はタイショウ的な性格だ。
② 中学生をタイショウとした大会。

(4)
① 多くの人のカンシンが集まる。
② 勇気ある行動にカンシンする。

(5)
① 事故の責任をツイキュウする。
② 真理をツイキュウする。
③ 利益をツイキュウする。

漢字の読み書き

基礎の確認

（解答▼別冊 p.32）

1 読み誤りやすい漢字

▼次の――線部の漢字の読み方を書きなさい。

(1) じっと目を凝らす。（　　）
(2) 鮮やかな赤い色。（　　）
(3) あやういところで難を逃れる。（　　）
(4) 姿が人込《ひとご》みに紛れる。（　　）
(5) 冷たい水に手を浸す。（　　）
(6) 流行はすぐに廃れる。（　　）
(7) 三か国語を自在に操る。（　　）
(8) その場の雰囲気《ふんいき》が和む。（　　）
(9) 専ら応援《おうえん》するのみだ。（　　）
(10) 日々の暮らしを営む。（　　）
(11) 大国が力の均衡を保つ。（　　）
(12) 委員を外部の識者に委嘱する。（　　）
(13) 任務を遂行する。（　　）
(14) 寺の境内の白梅が咲《さ》く。（　　）
(15) 使用する頻度の高い品物。（　　）
(16) 美しい旋律の曲が流れる。（　　）
(17) 寸暇を惜《お》しんで勉強する。（　　）
(18) 地元に企業《きぎょう》を誘致する。（　　）

2 書き誤りやすい漢字

▼次の――線部の片仮名《かたかな》を漢字に直しなさい。

(1) 当日ケンを買って入場する。（　　）
(2) 道で財布をヒロう。（　　）
(3) ケワしい山道を登る。（　　）
(4) 友人の家をタズねる。（　　）
(5) 畑をタガヤす。（　　）
(6) 神仏をオガむ。（　　）
(7) 体に水分をオギナう。（　　）
(8) 細かい気ヅカいをする。（　　）
(9) 新しい技をココロみる。（　　）
(10) 額から汗《あせ》がタれる。（　　）
(11) 優れたコウセキを残す。（　　）
(12) 周囲からヒハンを受ける。（　　）
(13) 展覧会にショウタイされる。（　　）
(14) キュウキュウ車のサイレン。（　　）
(15) 要点をカンケツにまとめる。（　　）
(16) 夏休みにキョウリに帰る。（　　）
(17) モケイの船を組み立てる。（　　）
(18) 早朝の林をサンサクする。（　　）

●訓読みの読み分け

送り仮名《がな》で読み分ける。

例 笑 ―う→わら ／ ―む→え

凍 ―る→こお ／ ―える→こご

ミス注意 似ている字に注意

積 績

比 批

ミス注意 字画に注意

×券 ○券

×垂 ○垂

＼中学3年分の一問一答が
無料で解けるアプリ／

以下のURLまたは二次元コードから
アクセスしてください。

https://gakken-ep.jp/extra/smartphone-mondaishu/

※サービスは予告なく終了する場合があります。

10日間完成　中1・2の総復習　5科

編集協力　敦賀亜希子、菊地あゆ子、宮崎史子、三代和彦、村西厚子、脇田聡、㈱アポロ企画、益永高之、野口光伸、藤井真知子
デザイン　山口秀昭（Studio Flavor）
表紙イラスト　ミヤワキキヨミ
図版　㈱明昌堂、㈱アート工房、㈲ケイデザイン
写真提供　写真そばに記載
DTP　㈱明昌堂（データ管理コード　23-2031-3075（CC23））

この本は、下記のように環境に配慮して製作しました。
・製版フィルムを使用しないCTP方式で印刷しました。
・環境に配慮して作られた紙を使っています。

①